저자 오세근 드림
연락처: 010-6516-9546

내 인생을 바꾼 백골OP

오세근 著

도서출판 뉴북스월드

'내 인생의 활력소가 되어줄 군생활(백골OP)'

▲ 최전방 백골OP에서 나라를 지키는 육군

"이 책은 장교들 입장에서 병사를 바라보는 애정 어린 시각, 병사들 입장에서 장교들의 생활을 이해할 수 있도록 하는 시각, 군에 보낸 자녀들의 부모님들이 군을 좀 더 이해할 수 있고 자랑스럽게 생각할 수 있도록 하는 시각에서 쓰게 되었습니다.

이 나라를 위하여 국민을 위하여 먼저 숨져간 선배 동료 장병들의 명복을 빌며 이 책을 그들의 영전에 바치나이다."

차 례
내 인생을 바꾼 백골OP

저자의 말—나는 왜 이 책을 내는가? ················· 11
  民과 軍 관계가 더 돈독해 지기를 바라고 싶다.

제1장 추억의 앨범: 사진으로 본 군생활 ················· 13

제2장 군 생활에 얽힌 추억들 ··············· 23
  조성옥 당시 3포병단장님과의 인연 ··············· 25
  장교 신체검사 ··············· 32
  백골에서 만난 대학동기 ··············· 33
  학점 때문에 임관 못할 뻔 한 얘기 ··············· 34
  친구 아버님의 순직 ··············· 35
  카사노바 19기 후배 ··············· 38
  댄서 윤 중위사건 ··············· 39
  술 취한 장교 ··············· 40
  경상도 병사들의 발음문제 ··············· 42
  윤 중위님 애인의 면회 ··············· 43
  기발한 19기 후배-후보생이 된 장교 ··············· 44
  대위로 진급한 오 중위 ··············· 45
  전방부대 아가씨-꽃순이의 슬픈 이야기 ··············· 47
  1대대 소대장들 ··············· 50
  애로사항 친구 ··············· 52
  고래사냥 정 중위 ··············· 54
  마지막 외상 술값 ··············· 55
  나의 전우 류길환 중위 이야기 ··············· 56

5군단 승진훈련장 ································ 60
80년대 대학생 전방 군사교육 ················· 63
22연대장님과의 인연 ···························· 65

제3장 우리군대의 희노애락(喜怒哀樂) ···················· 69
대대장과 보신탕 ································· 71
고마운 탈렌트 분들 ···························· 72
노스텔지어에 우는 실향민 심정 ············· 74
군의 인사 사고예방과 사기진작 방안 ······ 76
이산가족에 관련한 이야기 2 ················· 79
후송된 통합병원에서 귀환한 병사 ·········· 82
장교로서의 어려운 휴가 1 ···················· 84
장교로서의 어려운 휴가 2 ···················· 85
부대대장과의 인연 ······························· 87
병사들의 노고와 고생 ·························· 90
또 다른 훌륭한 병사 이야기 ················· 92
사단장의 역할 ···································· 95
한탄강의 아름다움 ······························· 98
인연-확률로도 어려운 4번으로 연속 이어진
　　　　군대 친구와의 인연 ···························· 99
백골사단의 선물 ································· 101
불발된 산정호수 데이트 사건 ··············· 103
이주일씨 이야기 ································· 105
오성산에 관한 이야기 ·························· 105
이산가족 이야기 3 ······························ 109
전선교회에서 들려오는 성가 ················· 110
철책근무 병사와 소대장들의 노고 ·········· 112
관측팀들의 희로애락 1 ························ 113
관측팀들의 희노애락 2 ························ 115

대통령과 병사의 대화 ………………………………… 116
지포리 항공대 귀환 사건 ……………………………… 118
GP, GOP에서 대대 본부로 귀환하는 기분 ………… 119
후방근무와 전방근무 …………………………………… 121
출신별 장교대우 ………………………………………… 123
마음을 움직이는 동요 …………………………………… 124
기독교사단장 불교사단장 ……………………………… 127
땀에 저린 런닝셔츠 ……………………………………… 128
선배 사단 보안대장님 …………………………………… 130
22연대장님과 군수참모 ………………………………… 131
부사관들의 역할과 노고 ………………………………… 133
백골 비빔밥 ……………………………………………… 134
사관학교 출신 소대장들과의 인연 …………………… 136
한탄강의 수영 …………………………………………… 139
다리를 저는 부사단장님 ………………………………… 140

제4장 인연(人緣)—군인도 민간인이 된다 ………… 143

학사1기 장교들과의 인연 ……………………………… 145
승진훈련장의 항명사건 ………………………………… 147
화순 동북유격장의 추억 ………………………………… 149
제대가 늦어진 동기 ……………………………………… 151
고된 행군과 겨울 동상 …………………………………… 153
아름다운 여인, 아름다운 인연 ………………………… 155
또 하나의 인연 …………………………………………… 156
산토끼와 바꾼 통닭 ……………………………………… 158
지휘관의 스타일 ………………………………………… 160
철원 와수리의 추억 ……………………………………… 162
보병 3대대장 님의 환대 ………………………………… 164
다시 쓰는 이산가족의 슬픔 …………………………… 166

GOP 관측소의 맛 있는 반찬 ················· 167
예비 측정에서 꼴등 ························· 168
십자탑 점등 ·································· 170
고양이를 키운 선배 ························· 172
이산가족의 또 다른 이야기 ·············· 173
물에 젖은 건빵 56,000봉지 ·············· 175
빨리 터진 포-시한신관 Error ··········· 176
포를 쏜 사단장 ······························ 178
다시 가본 전방 철책선, OP ············· 179
피어린 장백산의 내용 ····················· 181
골프와 포병 메트로 장입 ················ 184
북한 여성의 심리전 ························ 185
감동적인 책 5권 ···························· 186
군 단장의 OP방문과 도열 ··············· 188
동기 소대장이 준 돼지고기 ············· 189
연합사 부사령관 백석주 장군, "당신이 애국자요" ······· 190
곤란한 심리전 보고 ························ 192
장관이 된 병사 ······························ 193
통일촌의 여자 이장 ························ 194
권통의 애국심 ······························· 195
통신장교들의 고생 ························· 196
경북상회와 보신탕 ························· 198
장교가 되기 위한 예비훈련·선배들의 기합
　－말 못하는 후배들 ···················· 200
무산된 남포동의 미팅 ····················· 203
고교선배, 장교동기 ························ 205
반성문 2천자 ································ 206
한신 장군과 유진 선배님 ················ 208
JP와 유진 선배 ····························· 209

GP로 자원한 경비 소대장 ·· 211
탈영한 유진 선배님의 소대원 ·· 212
철원 군청에 제안 하는 글-제2의 안보 관광코스개발 ·· 214
훌륭한 후배들 1 ·· 215
훌륭한 후배들 2 ·· 217
통도사와의 인연 ·· 219
존경하는 대 선배님 ·· 221
지역감정이란? ··· 222
문혜리에서 직접 맡은 나의 사회 ·································· 224
형님 같은 선배님 ·· 226
단짝 같은 고3 동기 ·· 227
서울역에서 만난 앵커 출신 선배님 ······························ 229
가곡 "비목"의 작사자 선배님과 그 가사 내용 ············ 231

저자의 말

'民과 軍의 관계가 더 돈독해 지기를 바라고 싶다.'

  나는 2년 동안의 짧은 군대생활 기간 동안 군단장, 군단 포병사령관, 3사단장 등 3번의 표창을 받았다,
  이를 바탕으로 35년 전의 얘기란 지금과는 상당이 다른 면도 있겠지만 나의 이 글들은 내가 군 생활을 하면서 경험했던 일들을 주제로 하여 무슨 일이든 최선을 다 하면 인생에 많은 도움이 된다는 생각이 쌓여 이글을 쓰게 되었다.
  내용을 요약하면 감동적인 이야기, 유머스런 이야기, 때로는 슬픈 이야기 등이 다양하게 적혀있지만 궁극적으로는 이 책을 현역 군인이든 민간인이든 누구든 읽고 군과 우리의 장병들을 더 사랑하고 용기를 북돋워 사기를 진작시켜 군의 발전에 많은 도움이 되었으면 하는데에 주안을 두었다.
  유머스런 이야기가 중간 중간 자주 나타나는 것은 이 글이 꼭 군대 이야기 식으로만 전개될 경우 너무 경직되고 식상된 내용이 될 수 있는 만큼 모든 사람들이 친근감을 가지고 읽을 수 있도록 한 것이다.
  나는 군을 사랑하고 장병들을 사랑하는 사람이니까 운영의 묘랄까 그 뜻을 독자들이 충분히 이해해 주리라 생각한다. 전체의 이야기 중 80년대 내가 백골OP라는 관측소에 근무하면서 경험했던 일들을 돌이켜보면 그때 내가 얻은 교훈은 '성실,

준비, 정도'라는 것인데, 그 중에서 특히 중요하게 생각하는 것은 사전준비 즉, 유비무환이란 것이다.

모든 일에 대비해서 사전에 시간을 가지고 완벽하게 해 놓으면 어떤 시험 무대가 닥치더라도 자신 있게 거뜬히 대응할 수 있고 그에 따른 보답과 행운이 온다는 것이다.

즉, 행운이란 것도 철저한 사전준비의 결과물로 부수적으로 따라온다는 것을 얘기하고 싶다.

책 첫머리에 나오는 포단장님과의 인연에 관한 이야기를 읽어보면 그런 뜻이 있는데 내가 최선을 다 하니까 더 큰 행운은 그분이 나를 위해 만들어 주더라는 것이고 지금도 나는 그분에 대해서 고마움을 잊지 못한다.

하여튼 나는 모든 사람들이 이 책을 읽고 감동을 느끼고, 행복해지고, 웃음을 만나게 되고 결과적으로는 우리 군을 좀 더 잘 알게 되어 군과 장병들을 사랑하는 계기가 되었으면 한다.

마지막으로 이 책의 제목을 "나는 애국자다"라고 하는 게 어떻겠느냐?고 제안해 준 집사람과 원고와 내용정리에 많은 도움을 주신 김유진 선배님, 송효익 사장님, 우리 아들, 걱정스러운 마음으로 지켜봐 준 우리 딸, 그리고 이 책에 나오는 소재의 모든 주인공들과 독자가 되어준 동기들에게도 많은 감사의 말씀을 드린다.

2016년 1월(丙申年) 새해 아침

저 자 오 세 근

제1장
추억의 앨범

■제1장: 추억의 앨범 – 사진으로 본 군생활

▲ 금강산으로 가던 철길. 지금은 금강산 90km 지점에서 끊어져 있다. 한탄강 상류에서 찍은 사진

▲ 전선교회 앞에서

▲ 80년대 대학생의 전방군사교육장에서 입소식을 거행하는 장면

▲ 망중한을 즐기는 전우들. 좌로부터 오 중위, 한 중위, 정 중위의 모습들

▲ 한탄강에 소재한 고석정의 모습

▲ 월정리에 있는 경원선의 마지막역

▲ 동복유격장으로 가는길에 있는 광주호수 앞에서

▲ 동복유격장 가는길, 화순 적벽강에서 행진하면서

▲ 동복유격장 가는길의 화순 적벽강

▲ 동복유격장에서, 100m 수중낙하 훈련에 열중하는 모습

▲ 동복유격장에서 11m의 강물낙하 훈련을 감행하면서

▲ 동복유격장에서 공중이동훈련을 감행하는 장면

▲ 장교후보생시절. 39사단에서 하계훈련중 잠시 휴식을 취하면서

▲ 지경리에서 후배 전우들과 함께

제2장
군 생활에 얽힌 추억들

조성옥 당시 3포병 단장님과의 인연

단장님은 포간(포병간보후보생)출신으로 나중에 군수사령관이 되셨는데 한 치의 실수나 태만함을 용납하지 않는 엄격한 분이었다.

나는 전방에 배치받아 80년 10월에 우리 사단 GOP 최중요 관측소인 백골OP에서 단장님과 인연을 맺게 되었다. 부임오신지 얼마 안 된 단장님은 사단 전 지역 높은 고지의 OP를 작전참모만 대동한 채 직접 방문하여 관측 장교들을 점검 하였는데 가는 곳마다 상황이 만족스럽지 못 했다. 사실 OP에서는 관측 장교들이 전쟁에 대비하는 곳이지만 실제상황을 가정한 수십 개의 화집점(화력집중목표) 등을 숙지하고 암기하는 등의 형식적 준비는 잘하지 않고 있었다. 상황이 발생하면 지도를 보고 하면 되니까 하는 생각으로.

그러나 단장님은 그런 것을 용납하지 않으셨고 가는 곳마다 그야말로 마음에 드는 곳이 한 곳도 없었던 모양이었다. 어떤 날인가 S대출신 17기 선배님이 근무하던 FEBA OP에 점검을 나가셨는데 거기도 소문에 쑥대밭이 되었다고 했다. 단장님은 불시 점검을 나가셨기 때문에 대대에서도 언제 어디를 가실지 알 수가 없었는데, 하루는 대대첩보에 내일쯤 단장님이 우리 OP를 점검하러 갈 것이라는 연락이 왔다. 사실 나는 OP를 점령 하자마자 약 1달 동안 거의 50개에 달하는 화집점을 모두 숙지, 암기를 다하였고 실지형과 지도를 분석하여 전방의 지형에 위도 경도 격자선을 가상으로 설정을 모두 해 놓았다. 따라서 누가와도 자신이 있었다.

예정된 다음 날 아침 일찍 그야말로 단장님께서 영하 25도의 추위를 뚫고 포단 작전참모만 대동한 채 OP로 올라 오셨다.

지금 생각하면 가는 곳마다 실망의 연속이 누적되어 그야말로 살기가 등등하여 저를 잡아먹을 듯이 올라 오셨다. 특히나 XX출신 장교들에 대해서는 더 하셨고 저도 이미 XX출신이라는 것을 아시고 오셨다. 나는 관측소 실내 전망대에서 예의대로 "백골! 지금부터 전방 상황에 대하여 단장님께 보고 드리겠습니다"고 하니 "야 임마 앵무새 같은 그런 거는 필요 없어. 너 가지고 있는 화집점 수첩 이리 내놔. 너도 XX 출신이지?"하시면서 빼앗다시피 가져가셨다. 그러면서 8자리 숫자로 된 약 50개의 표적을 무작위로 짚어가면서 외워보라는 것이었다. 첫 번째는 3번 표적이었는데 나는 거침없이 좌표, 방위각, 거리, 표고까지 외웠다. 단장님은 이놈이 한두 개 정도는 외우겠지 하는 선입관으로 신뢰를 하지 않고 나를 쳐다보지도 않으시고 "다음 24번 외워봐"하셨고 나는 또 줄 줄 줄 외웠다. 그때는 나를 뚫어지게 쳐다보셨다.

마지막으로 45번을 정해 주시기에 자신 있게 말씀드렸더니 "됐어! 여기까지는 너를 믿겠다. 너는 학교는 어디 나왔나?" 하고 물어 시길 래 "XX대학교 나왔습니다" 라고 했다.

그 다음에는 "지하방카 상황실로 가 보자"고 하셔서 모시고 내려갔다. 부하 병사들이 도열해 있었고 단장님이 북한지역 관측용 포대경 앞에 직접 앉으셔서 표적을 하나 지정해 주시고 나보고 좌표를 따 보라는 것이다. 내가 포대경을 보고 표적을 확인해보니 그야말로 약 3~4키로 떨어진 북한지역 오성산 아랫자락의 조그만 바위무덤이었고 정말 관측장교에게 골탕을 먹이고자하는 어려운 지점이었다. 그러나 나는 이미 실지 형상에 가상의 위도, 경도 격자선을 그어 놓았기 때문에 지도를 보지 않고 좌표를 바로 딸 수 있었다. 어려운 지점 이었지만 마침 그 지점이 격자선이 마주치는 곳이라 나는 바로 지도도 보지 않고 좌표를 외워버렸다. 아마도 단장님은 "이놈이 무슨 지도도 보지 않고 도대체 어떻게?"하고 생각했을 것이다. 내 보고를 들으시고 바로 옆에 있던 작전 참모에게 "강소령! 오 소위가 얘기한 좌표가 맞는지 확인해 봐!"하셨고 작전 참모는 지도와 표정핀을 들고 표적과 좌표를 확인 후 "예 단장님. 맞습니다"라고 했다.

내가 말한 좌표가 설사 틀렸다 해도 이미 분위기상 틀렸다고 할 수도 없는 상황이었고 단장님은 나보고 다시 병사들의 실력을 직접 점검 해 보라고 하셨다. 나는 그에 대한 대비도 이미 완벽하게 연습까지 마쳐 놓았었는데 병사들이야 그 많은 화집점을 다 외울 수도 없고 해서 중요한 적 GP 몇 군데만 암기시키고 최악의 경우를 대비해서 선의의 컨닝도 할 수 있도록 조치를 해놓았다. 그래서 그것도 잘 넘어갔고, 그 당시 나는 부하들에게 "만약에 단장님이 오시면 모든 것은 내가 알아서 할 테니 너희는 상황종료 시점에 따뜻한 차만 준비해라"라고 지시해 놓았다. 그런데 이 놈들이 단장께 차를 대접하는데 보니 내가 보지도 못했던 가을에 캐놓은 야생 칡을 가지고 멋지게 만들어 놓은 것을 대령했다.

기분이 풀어져서 홀가분하게 차를 마신 단장님은 격려 후 바로 OP를 내려가 차로 급히 어디론가 출발했다.

나중에 들은 얘기로는 단장은 포단으로 바로 가시면서 차 안에서 4개 대대장을 포단 상황실로 급히 소집했다. 상황실 회의 석상에서 단장은 "오늘부터는 내가 전방 포단장으로써 발 뻗고 잘 수 있게 됐다. 앞으로 전 OP의 교육을 백골OP 수준으로 시킬 것! 72대대 OP 김 중위보다 71대대 백골OP 오 소위가 훨씬 낫다."

우리 71대대장은 똑똑 했지만 유일하게 단기 사관출신이라 평소에 포단 4개 대대 회의 때마다 열등감에 찌들려 있었는데 이 소리를 듣고 나서 기분이 하늘로 날아갈듯 했다고 한다. 이 인연으로 이후 나의 군대 생활은 일사천리로 막힘이 없었고 대위군복 입고 휴가 가는 등 포단장의 은혜를 엄청나게 입었다. 그 후 5군단 전체 관측소 검열에서도 1등을 하여 군단장, 군단 포병사령관 표창을 받았는데 사실 이 표창들은 단장께서 나를 위하여 만들어 주신 거였다.

사단장님의 영어테스트

하루는 또 그 때는 중위로 진급한 후 81년 5월경에 단장님이 급히 올라 오셨는데 참모도 대동 않고 병장 1명만 차에 태우고 오셨다. 나중에 알고 보니 그 병사는 부친이 외국 현직 대사였고 자기는 귀국해서 사단 통역병사로 근무하는 친구였다. 하여튼 올라오신 이유는 나의 영어 브리핑 가능 여부와 실력을 테스트하기 위해서 였다. 어느 때 사단장이 단장에게 그 OP는 외국인들도 많이 오는데 영어 브리핑을 어떻게 할 것인지 대책을 세우라는 지시를 받고 단장님은 고민에 빠져셨다. "아~ 이 전방에서 누가 영어로 북한지역을 바라보고 브리핑을 한단 말인가? 방법은 없고 큰일이네" 고민 하시다가 포단 참모회의에서 단장님이 "이 상황을 어떻게 해야 되겠나?"고 하니 평소에 우리 OP에 자주 올라왔던 정보참모가 "단장님.OP에 오 중위가 이미 영어브리핑을 잘 하고 있습니다!"라고 한 모양이었다. 눈이 번쩍 뜨인 단장님은 사단에 통역병을 대기시키라 하고 급히 태우고 확인하러 오신 거였다.

오시자 마자 공과 사를 분명히 하시면서 "오 중위! 너 영어브리핑 원고 이리 내 놔" 명령하시면서 통역병에게 전달하고 "이 병장, 지금부터 오 중위가 영어로 브리핑 할 건데 원고대로 맞는지 잘 확인해 봐!"하셨다. 사실 나는 임관 전에 IO장교(통역장교) 시험에서 떨어졌지만 영어는 전공보다 자신이 있었고 영어브리핑은 작전 브리핑보다 더 식은 죽 먹기였다. 하여튼 약 10분간 줄 줄줄 외었더니만 병장에게 "이 병장 오중위 다 맞는 거야?"하셨고 나는 속으로 "단장님 이런 거는 문제도 아닙니다"라고 생각했다. 이병장도 OK했다.

그 뒤로 부터는 단장님은 편안하게 사적인 이야기만 하셨다. "오중위 너는 이제 OP에서 더 할 거도 없다. 공부만 열심히 해라. 너희들은 이왕 사회에 나가서 생활할 친구들 아니가? 내가 너희들 미워서 그러는 줄 아냐? 자기 할일만 해 놓으면 뭘 하든지 내가 간섭할 필요 없지." 하셨다.

이야기를 나누고 있는 중에 우리 대대장이 뒤늦게 단장의 동선을 파악 하고는 헐레벌떡 OP로 올라 오셨다. "백골! 단장님 오셨습니까"하고 대대장이 인사하니 "그래 너 왔어? 오늘 내가 오 중위 영어브리핑 테스트 하러왔는데 잘 하네" 하셨다. 그런데 대대장이 "오중위 학교 다닐 때 공부도 잘 했습니다"라고했다.

내가 어느 학교 나온 줄도 모르면서 하여튼 우리 대대장님 기동력이 좋아 아부도 잘 하셨다.

단장이 임기를 마치고 이임하실 때는 나도 제대 말년이라 연대 연락장교로 나가 있었는데 수고한 부하들을 격려차 전방 GOP로 들어가시다가 차를 돌려서 연대 정문 앞으로 나를 부르시더니 다시 한 번 사회생활 잘 하라고 격려해주시고 차에 싣고 있던 위문품 1박스를 주고 가셨다. 지금은 국립묘지에 잠들어 계신 조성옥 장군께 미흡하나마 이 글을 올린다.

장교 신체검사

나는 사실 대학교 1학년 때 병무청 신체검사에서 1급을 받아 군 입대 지원에는 신체상 아무런 문제가 없었다. 그런데 장교 후보생 입단을 위한 신체검사와 대학 3, 4학년의 훈련과정을 마친 후 임관신체검사 등에서는 1가지 애로사항이 있었다. 2가지 검사 모두 추운겨울에 강당에서 팬티바람으로 하기 때문에 혈압이 좀 올라가는 문제가 있었다.

79년 겨울 신체검사 시에 그런 문제가 있어서 담당 군의관에게 말씀을 드렸더니 자기 방으로 와 보라는 것이다. 거기에 가 보니 군의관들이 여러분 계셨고 담당 군의관이 저보고 제일 잘하는 노래가 있으면 한곡 해보라는 것이다. 아마도 긴장을 풀어라는 의도였겠죠? 저는 윤시내의 '열애'를 좋아했기 때문에 멋지게 큰 소리로 불렀다. 그러자 군의관들이 모두 큰 소리로 웃으며 손뼉을 쳤다. 그리고 좀 있다 혈압을 체크하니 별 문제는 없었고 아직까지 나의 애창곡 1번은 윤시내 씨의 '열애'이다.

백골에서 만난 대학동기

 필자가 1980년에 3사단(백골사단)71 포병대대에 배치 받아 그해 10월에 백골OP라고하는 유명한 VIP 관측소에 근무하게 되었다. 거기는 민관군 등 무수한 VIP들이 뜨고 북한 오성산이 눈앞에 보이는 요충지인데, 하루는 차가운 새벽녘에 공수부대 1개 대대가 후방에서 천리행군을 하며 우리 OP로 올라왔다. 내가 한참 브리핑을 하고 있는데 대학동기이고 공수부대로 간 정모 소대장이 나를 알아보고 세근아! 하고 고함을 쳐서 나도 너무 반가워 지하벙커 상황실로 데리고 가서 따뜻한 커피를 대접했다. 친구를 내가 근무하던 전방에서 만난 그때 감격이 아직까지도 생생하다. 그 친구는 제대 후에 부대훈련 후유증으로 죽다 살아났는데 와이프의 극진한 간호로 지금은 잘 지내고 있다.

학점 때문에 임관 못 할뻔한 얘기

건축과 이모 후보생과 함께 겪었던 이야기이다.

동기생 중 어떤 친구 1명이 1학점 때문에 안타깝게 임관을 같이 못 했지만, 우리도 1학년 때 과락 과목이 하나 있어서 3학년때인 1년차 병영훈련을 앞두고 금속과 W 교수님 방에 특별시험을 치러갔다. 병영훈련 때문에 조기시험. 그 시험에 학점 못 따면 임관 불가하니 열심히 공부했지만 교수님께서는 시험 범위가 아닌 금속전공 관련 다른 문제를 내 주시고 시험 잘 보라시며 볼일 보시러 나가셨다. 범위 안에서만 공부했던 나와 친구는 답을 쓰지 못 했고 백지상태로 앉아 있었다.

교수님께서 들어오시다가 보시고는 이 놈들 공부 하나도 안 했네 하시면서 학점 없다고 하셨다. 눈 앞이 캄캄하고 어쩔 줄 몰랐는데 순간적으로 제 어머님이 평소 하셨던 말씀이 생각났다. W 교수님이 어머님 친구 분 조카라고 언제 한번 찾아가 보라고 하셨던 말씀이! 나는 교수님께 반사적으로 그 말씀을 드렸고, 교수님께서는 "아 이놈아 그러면 빨리 그 얘기를 하지?"

하셨다. 우리는 시험 범위 내의 문제를 다시 받아 시험을 쳤고, 병영훈련을 마치고 와 보니 나와 친구는 무사히 학점이 나와 있었다. 정말 고마웠다. 그런데 친구 학점보다 내 학점이 더 높게나와 친구가 불만이었다. 하여튼 나는 어머님 덕분에 대학졸업과 장교임관을 할 수 있게 되었다고 늘 생각하고 있다.

친구 아버님의 순직

내가 근무했던 지역은 3사단(철원김화) 백골OP라는 곳인데 위 앞쪽에 보이는 사진(3페이지)의 전망대는 박세직 당시 사단장님께서 건립하신 것이다.

VIP, 군인, 정치인, 민간인 등 많은 사람들이 다녀가는 곳인데 바로 앞에는 북한의 유명한 오성산(1062고지)이 높은 병풍처럼 위압적으로 펼쳐져 있다.

거기서 내가 민간인들에게 브리핑하던 시나리오 중에 이런 내용이 있었다.

여기는 최전방 GOP로써 바로 앞에 보이는 북한 철책선과는 불과 2킬로미터 정도 밖에 떨어져 있지 않는 지역이다.

여러 긴박한 상황이 자주 발생되는 곳이며 1972년도에는 저희 사단 공병대대장이 탑승한 헬기가 조종사 실수로 바로 앞 군사분계선을 넘어가다가 착오를 인식하고 기수를 돌리는 순간 3명이 순직한 사고가 있기도했다. 추락 지점이 바로 밑에 보이는 조그만 우리 측 GP 앞쪽이다.

그로부터 제대하고 약 30년 후, 임관 30주년 행사준비를 위하여 내가 우리 대학교 대표 자격으로 준비모임에 자주 참석하게 되었는데 그 모임에서 박철순이라는 동기를 만나게 되었다 (A대출신18기, 기갑, 제2기갑여단근무).

하루는 저녁 술자리 모임에서 내 옆에 앉게 되었는데 내가 3사단 출신이라는 걸 알고 자기도 3사단을 잘 알고 있고 고등학교 때 신수리 사령부 앞에서 스케이트도 타고 자주 놀러도 갔다는 말을 했다.

그래서 내가 어떻게 해서 연고도 없는 곳에 그렇게 자주 다녔느냐고 물어보니 아버님께서 갑종간부로 사단에 근무하셨다는 것이었다. 무심코 듣고 있는데 그 아버님께서 사고로 사망하셨다는 거다. 뭔가 예감이 이상했는데 72년도 헬기사고로 사망하셨다는 사실이었다.

바로 그분이었다. 공병대 대장님! 나는 순간 할 말을 잊고 철순이에게 뭐로 말할 수 없는 죄스러운 마음이 가득했다. 뜻 없이 브리핑했던 내용이 부끄럽기도 했다. 더 자세히 들은 내용은 상급부대 참모와 함께 전방시찰을 하시다가 당한 사고라고 했다. 철순이는 서울에서 수업 중 군 찝차를 타고 사단으로 급히 왔었다고 한다. 현재는 국립묘지에 계시지만 이 글을 쓰면서도 감정이 북받치고 죄송한 마음 금할 길이 없다. 백골!

카사노바 19기 후배

우리 대대가 전방에서 FEBA(전방지역중에서도 후방)로 빠져 나와 철원군 갈말읍 지경리에 있을 때 얘기.

어느 토요일 부대 위병소에 어떤 여성 1명이 우리 후배 19기 김 모 소위를 만나러 면회를 왔다. 그 여성은 면회신청을 해놓고 기다리고 있었는데, 어떤 다른 여성 1명이 또 19기 후배를 면회 왔다고 신청한 것이다.

먼저 왔던 여인이 그 소리를 듣고 나중에온 여인에게 "당신은 김 소위와 어떤 사이이신지? 혹시 여동생이라도 되시는지요?" 하고 물었다. 그러자 그 여인이 "당신은 어떤 사이신지? 저는 김 소위 애인되는 사람입니다"라고 했다.

먼저 온 여인이 화를 내면서 "여보세요! 저도 애인되는 사람인데요. 저 김 소위란 놈이 우리 둘이를 가지고 놀았네요. 저런 놈 만날 필요 없으니 우리 그냥 돌아갑시다." 하고 모두 서울로 가버렸다.

댄서 윤 중위 사건

이 이야기는 본인 이름을 거론하기가 좀 그래서 별명을 쓰려한다.

댄서 윤은 우리 사단에 화력지원 하는 군단 포병대대에 근무를 했는데 어느 날 전방에 위치한 우리 대대에 연락장교로 파견을 왔다.

아무도 모르는 댄서 윤을 보니 반가워서 내가 BOQ 방도 잡아주고 거의 매일 술도 많이 사 줬다. 그 때는 내가 우리 대대 동기들 술값 청산대장을 하고 있었기 때문에 철원 김화 부근에 모르는 술집이 없었다. 그런데 하루는 댄서 윤 대대 동기들을 우연히 술집에서 만나게 되었는데 왜 댄서 윤이 우리 대대로 파견 갔는지 아느냐고 물었다. 나는 무슨 이유가 있느냐고 되물었고, 이유인 즉슨.

그 부대 대대장 사모님이 댄서 윤을 너무 예뻐해줘서(후보생 때 곱상하게 생겼음) 수행비서 같이 자주 데리고 다녔다고 하는데 하루는 마을에 시장을 보러 같이 갔다가 댄서 윤이 사모님 시장 바구니를 옆구리에 차고 다니는 것을 동기들이 보게 되었다.

동기들은 화가 나서 벼르고 있었는데 또 하루는 대대 관사 옆에 감자밭에서 사모님과 윤이 같이 감자를 켜고 있는 장면이 목격되어 동기들이 우리 대대로 쫒아 버렸다는 것이다!

술 취한 장교

나는 군 생활도 열심히 했지만 군대에 있을 때 정말 술을 많이 마셨고 즐겁게 보냈다. 전방이었지만 부대가 FEBA에 있을 때는 지경리라는 마을에 밴드가 있는 술집도 여러 개 있었고, 서울에서 온 도우미들도 많았다. 하루는 술을 마시고 취기에 그만 아가씨들 방에 뻗어져 자버렸다.

그런데 아침에 일어나 보니 군화 1쪽이 없어져 버렸다. 아마도 아가씨들이 방을 뺏기고 화가 나서 나를 골탕 먹이려고 한 것 같았다. 그런데 아침에 우리 대대 앞으로 통과하는 버스를 타야하는데 군화는 못 찾겠고 이거 도대체 난감하기 짝이 없었다. 나는 할 수 없이 한쪽에는 군화, 한쪽에는 거기 있던 운동화를 신고 버스를 타러갔다.

운동화 신은 발에는 붕대 같은 것을 감아서 위장을 해서 차를 탔기 때문에 승객들이 이상하게 보았지만 큰 봉변은 면했다.

문제는 대대 위병소를 통과하는데 평소에 잘 아는 병사들이 내가 다친 일이 없다는 것을 알기 때문에 "보좌관님 그게 뭡니까?"하면서 깔깔 웃어 댔다. 하이고 대대 정문 통과하기가 얼마나 민망했던지 술이 원수 같았다!

경상도 병사들의 발음문제

　관측 장교들은 3명의 부하들과 같이 움직이는데 포병에서는 '효력사' 라는 게 있다. 조준사격 1~2발을 쏘고 나서 명중하면 전 포를 집중하여 사격하는 포대 효력사 혹은 대대 효력사를 관측 장교가 명령을 내린다. 그런데 가끔 경상도 병사들에게 효력사 명령을 무전으로 날려 보내 보라고 한다. 그러면 그 놈들은 중모음 발음을 잘 못해서 "호럭사"라고 고함 친다. 우리가 "야 임마 효력사라 고해!"하면 또, "예 보좌관님 효력사 하겠습니다"라고 한다.

윤 중위님 애인의 면회

우리 부대가 전방 들어가기 전 FEBA에 있을 때 17기 윤 모 중위님 애인이 청주에서 철원 김화 우리부대 BOQ로 면회를 왔다. 그 때는 윤 중위님이 OP에 올라가 있었기 때문에 통신도 어렵고 해서 사전에 연락이 안 된 상태에서 왔다. 그래서 대대 정보참모의 배려로 다음 날 내려오기로 하고 그 애인은 BOQ 윤 중위님 방에서 하루 묵기로 했다.

저녁에 식사를 마치고 있는데, 정보참모가 갑자기 BOQ로 와서 하는 말씀이 "동물 같은 너거들 한테 저 여자를 맡겨 놓을 수가 없어 내가 보호조치를 하러왔다"고 했다. 우리는 "참모님 아무리 그래도 그렇지 선배님 애인을 우리가 어떻게 하겠습니까? 도대체 우리를 어떻게 보시고 그러십니까?" 하고 농담조로 대꾸를 했다. 그러자 "야 이놈들아 너거들 전방에 여자란 여자는 다 잡아먹고 다니고 또 제대할 때 인수 인계도 하는 놈들 아니가? 내가 너거를 믿을 수 있겠나??" 하시면서….

선배님 애인보고 세면하고 화장실 이용 다 하고 방으로 들어

가라고 했다. 그 여성이 방에 딱 들어가고 나니까 참모님이 어디서 가져왔는지 커다란 대못하고 망치를 가져와서 판때기로 문에다가 못을 "쾅쾅" 박아버리는 것이다! 더 이상 말이 필요 없겠죠?

기발한 19기 후배-후보생이 된 장교

우리 포병부대 부근에 보병 3대대가 있었다. 그 부대에 19기 소대장이 한명 있었는데 그 친구는 결혼을 해서 전방에 왔기 때문에 와이프가 자주 서울을 가고 싶어 했다. 알다시피 전방 보병대대 소대장이 중을 구해서 서울로 외박을 간다는 것은 하늘에 별 따기보다 어려운 것이다. 그래도 그 친구는 와이프가 너무 가고 싶어 하니까 궁리 끝에 후보생 때 입던 단복을 집에 갖다 놓고 유유히 서울을 다녀왔다. 그런데 내가 그 대대 대대장님과 함께 늘 훈련 때 차를 같이 타고 다녀서 잘 알기 때문에 농담으로 그 후배한테 "야 임마 너 그러는 거 대대장 님한테 일러준다"고 하니까 "선배님 소원 뭐든지 다 들어 줄 테니 제발 부탁드립니다" 하면서 나보고 데이트 하라고 예쁜 아가씨를 소개시켜 줬다. 나는 전혀 고의성이 없었는데.

대위로 진급한 오 중위

우리 71대대 대대장님은 단기사관(병사에서 장교로 진급) 출신으로 작전 수행능력은 뛰어났으나 우리 동기들이나 간부들이 쉽게 접근을 할 수 없을 정도로 매우 깐깐했다. 그러나 유독 나에게는 파격적인 대우와 배려를 많이 해줬다. 아마 표창을 여러 번 받고 포단장이 특별히 인식하고 있었던 영향인 것 같다. 하루는 전술OP라고 하는 관측소에 올라가 근무하고 있는데 대대에서 선임하사 한명이 픽업하러 왔다.

무슨 이유냐고 내가 물어보니 "대대장님이 오 중위님을 부르셔서 제가 대신 OP 근무를 하러왔습니다"라고 했다. 대대에 도착해서 이유를 알아보니 그 당시 육군 본부에서 1년에 한번 각 사단에서 우수 장교 대위급 1명을 선정하여 1주일간 전국 산업시찰을 시켜주는 제도가 있었다. 그 대상으로 우리 부대가 선정됨에 따라 대대 참모들이 회의를 한 끝에 3사출신 곽 대위를 선정하여 보내겠다고 대대장에게 보고를 한 모양이다. 그런데 대대장께서 그거 취소하고 나를 보내라고 하셨다는 것이다. 참모들이 "대대장님. 선정대상은 대위급이기 때문에 오 중위는 갈 수가 없습니다"고 하자 대대장 님은 "군소리 하지말고 대위 군복 입혀서 오 중위 보내"라고 했다는 것이다. 나는 우여곡절 끝에 미안하지만 곽 대위님 정복을 빌려 입고 용산 복지단으로 출발했다.

전국에서 온 대위 수십 명들과 1 STAR 복지단장, 소령 인솔 장교들과 함께 일주일 동안 유명한 산업현장_현대중공업, 옥포조선소 등과 아산 현충사, 왜관 전투전적비 등 여러 군데를 둘러보았다. 일정 마지막이 금요일 오후에 부산에서 해산이라 나는 오랜만에 고향에도 들르고 부산에서 복학한 학교 친구들도 만나고 월요일 전방으로 귀대를 했다.

그런데 나중에 들은 얘기로는 내가 대위 군복을 입고 부산을 방문을 하다 보니 여러 동기들이 "야 세근이가 군대에서 무슨 공로를 세웠는지 장기 신청을 했는지 대위로 진급 했더라"라고 하는 소문이 퍼졌다고 한다. "조장휘 대대장님 감사합니다."

−백골!

전방부대 아가씨- 꽃순이의 슬픈 이야기

이 이야기는 와이프들이 보면 어떨지 모르겠지만 솔직한 심정으로 쓴다.

우리 대대에 마산고_K대출신, 나와 제일 친한 한모 중위가 있었다. 이 친구는 너무 미남이라 가만히 있어도 아가씨들이 벌떼같이 달려드는 멋진 놈이었다. 그런데 우리가 자주 가는 어느 술집에 남 양이라고 하는 아가씨가 있었다. 이 아가씨는 얼굴이 별로라 손님들한테 별로 인기가 없었는데 그래도 우리가 사람이 좋아 인간적으로 대해주니까 우리가 가면 제일 반겨 주었다.

하루는 동기들과 한잔하러 그 집, 단란 주점으로 갔었는데 남양이 술이 좀 취하더니만 "오 중위님, 정 중위님, 한 중위님! 제가 비록 얼굴은 못 생겼지만 한 중위님을 너무 사모하고 좋아하니 제발 저를 한 중위님 애인이라고 좀 불러 주십시오. 그러면 제가 이 주위의 모든 장교님들한테 최고 미남의 애인으로 소문나지 않겠습니까?"라고 했다. 우리는 너무나 진지한 부탁을 하길래 그렇게 불러 주기로 했다. 그런데…….

몇 달이 지나자 그 남 양이 다른 지역으로 직장을 옮기게 되었다. 아마도 우리 사단 지역과 많이 떨어진 지역으로 가게 됐나 보였다.

가기 전 마지막 날 우리 동기들은 환송차 한잔하러 놀러가 남양과 테이블에서 마주했다. 새벽까지 술을 마셨는데 남 양이 술이 취하자 울면서 "한 중위님 저는 이제 먼 곳으로 가는데 언제 한 중위님을 다시 뵐 수 있겠습니까? 제가 떠나더라도 저를 절대 잊지 말아주세요. 사람의 운명이란 게 이런 것인가요?"하고 슬퍼했다. 그런데 한 중위란 놈이 매정하게 " 야~ 우리는 조금 있으면 제대해서 사회생활을 해야 하니 너희들 이제 만날 수 없다"고 해 버렸다. 그러자 남 양이 일어서서 노래를 마지막으로 한 곡 부르겠다고 하면서 밴드마스터에게 신청하고 무대로 나가 노래를 부르기 시작했다. 그런데 그 노래 제목이 어느 가수가 부른 '배신자'였다. "배신자여~배신자여~사랑의 배신자여~"하며 울면서 부르던 그 장면을 아직도 잊을 수 없다.

　지금 남 양에게 하고 싶은 말은 "남양 어디서 잘 살고 있냐? 너거도 대한민국의 한 국민이니 떳떳하게 잘 살아라. 우리를 대접해 주었으니 너거도 애국자다!" 그리고 만웅이(한중위 이름입니다)에게 "만웅아. 이 소재는 남 양이 제공 해 주었으니까 책 팔리면 남양 한테도 좀 줘야 될 거 같은데 지금 어째 찾겠노? 너거 애인 좀 찾아봐라."

1대대 소대장들

얼마 전 우리 포병대대가 화력 직접 지원했던 1대대 소대장들 모임에 초청받아 갔다.

그 대대 대대장 님은 사관학교 출신으로 아주 Gentle 하신 분이셨고 제가 근무했던 백골OP에 VIP가 뜨면 항상 나하고 같이 브리핑도 했다. 포병장교가 대대 종합훈련이나 ATT때 지원을 나가면 용돈 하라고 봉투에 몇 만원을 넣어서 주셨다. 한번은 서울에 계신 사모님을 전방GOP 구경을 시켜 주신다고 초청해서 백골OP로 모셔 오셔서 나보고 브리핑을 좀 해주라고 하셨는데 그때 사모님이 딸기가 가득한 꽃바구니를 나에게 선물로 주셨다.

그 사모님은 E대 출신이고 왕영은 씨를 닮은 친절한 분이었고 저에게 깍듯이 "관측장교님"하시면서 존대를 해 주었다. "부창부수"라 그 남편에 그 부인인데, 그 대대장 님도 카리스마가 있었는지 우리 동기 2명이 평소에 대대장 님한테 찍혔나 봅니다. D대출신 박 모 중위, K대출신 최 모 중위인데 어느 날 두

놈이 대대장한테 불려가서 또 기압을 받았다고 한다. 둘, 이는 늘상 깨지니 화가 나서 분풀이를 할 작전을 꾸몄는데 대대장 숙소를 지키던 개를 잡아 먹기로 작전을 세웠다.

무식하게 개를 체력단련장 철봉에 묶어 놓고 때리기 시작했는데 때릴 때마다 대대장 이름을 부르면서 때렸다고 한다. 결국은 그 개를 잡아먹고 한 풀이를 했는데 당연한 일이지만 대대장에게 보고가 되고 둘이는 또 불려갔다.

그날은 비가 와서 전방 GOP 연병장 바닥에 물이 가득 잠겨 있었다. 대대장 님은 두 소대장을 완전 군장에 오후 내내 연병장 바닥에 물 포복을 시켰다.

내가 이 사연을 알게 된 것은 그 소대 동기들이 아직까지 부부동반 모임에 서로 아주 잘 지내는데 모임 때마다 나를 부른다. 한번은 그 모임에 갔었는데 내가 "옛날 너거 대대장 좀 보고 싶다. 요즘 어떻게 지내시노?"하고 물었더니 박 중위가 "야 오 중위 우리 대대장 얘기하지마라! 내가 물포복 당한줄 니 모르냐?"하면서 고함을 쳤다. 내 전우 류길환 중위가 내막을 나에게 얘기해주었다.

애로사항 친구

　이미 언급했다시피 우리 포병대대가 직접 지원하는 보병1대대에 나하고 친했던 우리 학교출신 18기 1명이 있었다. 이름은 밝힐 수가 없고 학교 때 별명은 Crazy Man이어서 "C"중위로 하겠다. 이 친구가 철책소 대장 하고 있었고 제가 op에 있을 때였다.

　하루는 이 친구가 어렵게 전방 마을로 특별 외박을 나갔다가 군인들이 휴가 때나 외박 때 가끔 하는 의식을 치렀나 짐작된다. 그런데 문제가 생겼는데 그만 x병에 당첨되어 버렸다. 전방철책 소대장이 그렇게 되어 버렸으니 한번 상상을 해보세요.

　병원이 있는 마을로 아예 나갈 수가 없고 그렇다고 대대장에게 보고 할 수도 없고 고민이 이만저만이 아니었다. 같은 소대장 동기들이 많이 있었지만 얘기도 할 수 없고 해서 나를 찾아왔다. 고민 가득한 얼굴로 "야 오 중위야! 내가 지금 이런 상황인데 어떻게 하면 좋겠노"하고 물었다. 나는 "야! 이왕 그렇게 된 거 그냥 있을 수도 없으니 대대장 한테 솔직히 털어놓고 얘기 해봐라"고 했더니 자기는 죽어도 대대장 한테는 직접 보고를 못 하겠다는 것 이었다. 나는 이거 결심을 해야겠다 싶어 "야 그러면 너도 알다시피 너거 대대장이 나 한테 잘해 주잖아? OP에서 vip오면 같이 브리핑도 하고 하니까 내가 한번 부탁 드려볼께"했다.

나는 다음날 1대대장 님을 찾아갔다. 이거 무슨 해결사도 아니고 관측장교가 무슨 이런 일로 부탁을 해야 되나 싶었지만 내 친한 Crazy Man을 위해서 최선을 다 하기로 마음먹고 대대장께 정중히 말씀드렸다. "대대장님 C중위가 여차여차해서 이렇게 되었는데 그 친구는 제하고 대학도 같은 뎁니다. 그래서 좀 조치를 해 주시면 고맙겠습니다"하고 말씀을 드렸더니 두말도 없이 "오중위 알았어! 내가 조치해주께"하셨다. 용산고, 사관학교 출신답게 젠틀했다. 친구는 무사히 후방 FEBA부대로 전출을 가게 되었고 제대 후에도 인연이 연결되어 술도 자주 마셨다.

고래사냥 정 중위

우리 71대대에 H대 출신 정모 중위가 있었다. 그런데 이 친구하고 우리가 목욕탕에 같이 가서 보니 포경수술도 안했고 물건이 무슨 초등학교 애 고추처럼 자그만 했다.

우리 동기들은 남자가 그게 뭐냐고 빨리 고래사냥 하라고 조언을 했지만 말을 듣지 않았고 "야 임마 그래가지고는 너 장가도 못 간다 바보야! 그걸 해야 임마 어른이 되는 거야"하고 놀려도 막무가내 였다. 우리는 이거 안 되겠다 싶어 강제로 시키기로 작전을 짰다. 어느 날 BOQ 방문 앞에 대대 의무병을 대기시켜놓고 우리는 정 중위 방에 놀러 온척 조용히 들어갔다.

들어가자마자 동기 세 명이 정 중위 팔과 다리를 꼼짝 못하게 짓 누르고 의무병을 투입시켜서 순식간에 해버렸다. 정 중위는 며칠 동안 어그적 어그적 걸어 다니며 투덜투덜 했다. 그래도 제대할 때 쯤 보니 제법 물건이 잘 만들어져 있었다. 우리 동기들은 정말 전우애가 굳건했다.

마지막 외상술 값

'김 모 중위'가 있었는데 전방 술집에 외상이 없는 곳이 없었다. 제대할 때 쯤에는 마지막 보루인 재형저축 적금을 다 지급해도 그 외상을 다 갚을 수가 없었다. 그런데 이 놈이 제대 하는 날 갚지 않고 적금을 가지고 바로 서울로 가겠다는 것이다.

우리는 김 중위를 나무랐다. "야 술 먹을 때 신나게 먹어놓고 지금 그냥가면 되겠나? 우리가 아무리 술을 좋아하고 즐겼지만 명예가 있지 않나. 지금 그냥가면 그 술집 주인들이 우리 보고 뭐라할거며 또 후배들은 어떻게 대접을 받겠나?"하면서 결국은 설득을 시켜서 약 150만 원 가량의 술 값을 나누어서 모두 갚고 서울행 버스를 탔다. 아쉬웠지만 홀가분한 기분이었다.

나의 전우 류길환 중위 이야기

　　18기 군번 0028, 명지대 S-4출신, 우리 3사단 백골부대 전입시 100명중 선임 군번으로 사단대표 신고. 내가 지키던 5군단 검열 최우수- 백골OP 바로앞 철책 소대장. 81년 어느 날 봄 나의 전우가 철책안 불모지 점검 순찰중 불의의 사고를 당했다.―폭풍지뢰를 밟았다.

　　그 날이 일요일이었던가! 내가 관측소 옥상에 올라가 북한지역을 바라보고 있는데 바로 앞 철책 안에서 "쾅"하는 폭음과 함께 연기가 피어 오르며 누군가의 비명소리가 진동했다. 즉시 지하 방카 나의 상황실로 내려가서 보병 소대로 전화, 누구냐고 물었고 "소대장 님이 사고 당했습니다"라는 보고를 들었다. 순간 눈 앞이 캄캄하고 괴로워 어쩔 줄을 몰라 고개를 파묻고 있었는데 부하들이 떨어진 군화와 끈으로 발목을 쌓매어 응급조치를 하고 잠시 후 헬기가 긴급 도착하여 류 중위는 후송됐다. "소대 근무 잘 하라"는 말을 남기고.

　　류 중위는 청평 59야전병원과 국군통합병원 등을 거쳐 의족을 하기위해 망미동 부산 통합병원으로 이동하였다. 그때 우연히 같이 후송 갔던 우리 대대 병장한테 들었던 얘기로는 부산진 역에 기차가 도착하여 의무병들이 들것을 가져와서 류 중위를 안전하게 모시겠다고 하니 '필요 없다' 하며 목발을 짚고 기차에서 내렸는데 그 병장이 "오 중위님, 류 중위님이 놀랍고 존경스러웠습니다"라고 나에게 얘기했다.

몇 달이 지나 그 해 여름 나는 OP임무를 마치고 우리 대대장의 배려로 10일 간의 휴가를 받아 부산 고향으로 왔고, 바로 망미동 통합병원으로 류 중위를 만나러갔다. 오랜만에 보니 얼마나 반갑고 설랬는지 아직도 그 기억을 잊지 못 한다. 유머가 많은 류 중위는 "여기에 병신 장교가 많다"며 후송 와 있던 선·후배 동문들 모두 불러 모아 나에게 인사를 시켜주었다.

쌓였던 많은 얘기를 나누며 회포를 풀던 중 다음날 토요일 류 중위가 거기 천사 간호원들과 진하 해수욕장으로 1박2일 야유회를 간다는 얘기를 했다. 나는 장소를 변경하여 해수욕장이 가까운 일광 우리 집으로 오라고 제안했고 류 중위도 오케이 했다.

다음날 해수욕장 부근 집에 진을 친 통합병원 선후배들과 간호사들은 취사도 직접 하면서 1박2일 동안의 단체 미팅을 시작했고 분위기가 아주 화기애애 했다. 나는 오랜만의 휴가라 동생에게 손님들 지원업무를 맡겨놓고 남포동으로 친구들을 만나러 갔다.

한 잔하고 밤늦게 돌아와서 동생과 그날 있었던 일들을 얘기했는데, 동생이 "형님 오늘 일 모두 잘 마쳤는데 그런데 저녁에 류 중위님이 저보고 해수욕장에 같이 가자고해서 갔다 왔습니다"고 보고를 했다. "그래 바람 쐬러?" 하고 내가 물었더니 "형님 그게 아니고 류 중위님이 해수욕을 하시겠다고 하면서 옷을 좀 지켜달라고 하셨습니다" 저는 깜짝 놀라서 "야 세용아 무슨 소리고? 류 중위가 지금 지뢰사고로 한쪽 발이 부상이고 의족 조치를 하고 있는데 어떻게?"하고 물었다.

동생은 "류 중위님이 낮에는 사람들이 많아 해수욕을 할 수가 없어서 밤에 같이 가자고 했습니다. 의족을 풀고 한쪽 발로 바닷물 속으로 들어가서 멋지게 헤엄을 치고 나왔습니다"라고 했다.

나는 놀랍고 한편으로 의아가 없었지만 그것은 세월이 지나고 생각 해보니 제가 그때까지 류 중위의 의지와 인간 됨됨을 잘 모르고 있었던 것이었다.

사회생활의 모범이였던 류 중위

류 중위는 의가사 제대를 하고 울산 고려화학 영업부에 입사를 했는데 인연이 계속되어 나도 사업차 울산으로 이사를 하게 되었다. 친구는 영업용 차를 운전하고 전국을 누비며 영업실적도 사내에서 항상 1등이었다.

그 뒤에 류 중위는 나름대로 뜻이 있어 회사를 그만두고(술을 아예 못 마시니까 영업부에 계속 근무하기가 어려웠다함) 국가유공자 자격으로 국회도서관에 근무를 하게 되었다. 내가 어느 날 서울출장을 가서 가양동 류 중위 집에 자고 아침에 같이 나왔는데 자기가 근무하는 국회도서관 구경을 하고 가라고 해서 택시를 같이 타고 갔다. 여의도 국회 부근에 도착하자 갑자기 자주 다니는 사우나가 있으니 들렀다 가자는 것이었다.

나는 또 다시 놀랐고 머리가 잠시 혼란스러웠다. "목욕탕에 사람이 많을 건데 어떻게?" 그렇지만 나는 이의 없이 같이 갈 수 밖에 없었다. 류 중위는 탈의실의 많은 사람들 앞에서 전혀 주눅 드는 것도 눈치 보는 것도 없이 붕대를 풀고 목욕탕 안으로 들어갔다. 좀 있다가는 탕 안으로도! 나는 지금도 출장가면 가끔 수지에 있는 류중위 집에서 마음 편하게 자고 식사도 하고 온다.

"류 중위! 당신은 나의 영원한 벗이고 전우이며 내 인생의 스승입니다_18기 군번 0028번, 명지대 S-4출신, 백골사단 22연대 1대대 백골OP앞 철책 소대장! 존경합니다".

5군단 승진훈련장
-3사단 22연대 3대대장과의 인연-

경기도 포천 명성산 아랫자락 개활지에 자리 잡은 승진훈련장은 보, 포, 기, 헬기 팬텀 등 항공 사격까지 이루어지는 우리나라 최대의 실전 사격장이다. 매스컴에 사격훈련 장면이 자주 나타나는 곳이며 옛날 박정희 대통령도 여러 번 다녀가신 곳이다.

실전 훈련이 펼쳐 질 때 는 통제 관람석에 수많은 별들이 자리하고 특히 500MD나 코브라 같은 헬기가 공중에서 정지한 채 사격을 할 때는 수천발의 탄피가 하늘에서 땅까지 줄사다리로 이어지는 듯 한 광경은 장관이다.

81년 가을, 그 훈련장에서 3대대장과 나는 실전훈련의 임무를 수행하게 되었다. 그 분은 하~도 부하들에게 엄하여 '사단군기대장' 이라는 별명을 가지고 있었으며, 그 대대 우리 동기 소대장들도 쩔쩔 맸다. 그러나 나는 그 대대에 포병FSO(화력지원장교)자격으로 자주 지원을 나갔기 때문에 나에게는 아주 호의적이었다.

실전이 시작되면 보병대대가 고지를 향해서 돌진하고 기갑탱크가 움직이고 포병이 포를 발사하는 등 시간별 타임 스케줄 시나리오대로 일초의 오류도 없이 진행되어야 한다. 보병공격명령이 떨어지자마자 나는 포병관측 장교로서 바로 사격임무를 내려 초탄을 목표고지에 명중시켜야 한다. 그런데! 내가 초탄 발사사격 임무를 포대에 하달했는데(좌표, 방위각, 거리……. 사격임무이상!) 포탄이 뜨지 않는 것이다. 스케줄을 망치는 큰 일이 난 것이다.

무전기에서 포대가 우왕좌왕하는 소리가 들리더니 포탄이 포신에 걸려 발사가 안 된다는 것이다. 대대장은 "야! 오 중위 임마! 왜 빨리 안쏘는거야"하고 고함치고 시간은 흘러가고 나는

"대대장님 조금만 기다리십시오. 포대에서 문제가 발생됐습니다"하고 있는데 포대에서 다시 "사격준비완료"하고 통보가 왔다. 나는 다시 긴급 사격임무를 내리려고 전방을 보니 우리 보병들이 이미 목표에 근접하고 있었고 그 상태에서 포탄 발사 사격명령을 내릴 수 없었다. 대대장은 또 다시 독촉하였고 나는 "대대장님 대대병력이 근접하고 있어 저고지에 포를 쏠 수 없습니다!"라고 했더니 "야 임마! 거리가 저 만큼이나 남았는데 못 쏜다고? 두말 말고 빨리 쏴!" 했다.

나는 "대대장님! 포병은 아군이 목표 600미터 내에 근접했을 때는 위험지역으로 사격을 하지 않습니다!"라고 버텼더니 "에이! 돌 포병 놈들! 임마 그러면 저 옆 '라' 고지로 사격해"했다. 나는 안전한 그 곳으로 사격임무를 내렸다. 초탄 타임을 놓쳐 대대장 점수는 몇 점 깎였겠지만 그 이후로 십수 발의 포를 무사히 사격 유도 하고 마지막으로 팬텀이 은빛 삼각 포탄을 수백발 목표에 명중시키며 훈련은 종료되었다.

사실 3대대장은 이 훈련을 마치고 사단 인사참모로 가는 걸로 내정이 되어 있었기 때문에 안전이 제일 중요했었다. 만약 내가 그때 초탄을 대대장 명령대로 쐈다면 상상도 못할 큰 일이 발생했을 것이다. 하여튼 대대장은 훈련을 마친 뒤 차를 같이 타고 내려오면서 콧 노래를 흥얼흥얼했고 나에게 "오 중위! 오늘 훈련 괜찮았지? 수고했어!" 했다.

80년대 대학생 전방 군사교육

　제대를 얼마 남겨 놓지않은 82년 봄. 나는 대대장의 배려로 그 당시 대학생 전방군사교육단의 구대장으로 파견을 나가게 되었다. 지금은 필요 없는 제도지만 군사정권 시절이었던 그 당시에는 전방사단에 대학생들을 1주일 동안 보내 철책근무, 전략고지 방문 등 제법 강도 높은 교육을 시켰다. 전방 지뢰지역을 통과하는 수십 키로 행군 등 어렵고 긴장되는 과정이 많았기 때문에 교육초반에 나는 일단 엄격한 구대장의 이미지를 학생들에게 심어주었고 학생들 또한 나를 어려워하고 접근하기를 두려워하는 그런 분위기였다.

그러나 무슨 애로사항이 있거나 특히 육체적으로 힘들어 하는 학생들에게는 모든 용기를 다 내어 극복할 수 있도록 격려를 해주고 힘을 낼 수 있도록 해주었기 때문에 나중에는 나를 형님같이 따랐고 나 또한 아주 친한 후배들처럼 대해 주었다. 우리사단에서 담당했던 학생들은 건국대, 성균관대 학생들이 었는데 한번은 단장이 나에게 얘기하시기를 건국대 학생들이 훈련을 마치고 학교로 돌아가 우리 사단장님 앞으로 오세근 중위님께 표창을 내려 주시기를 바란다는 편지를 보냈다는 것이다.

그것도 학생 100명이 100장의 편지에 학군단장이 대표로 또 한 장의 편지를 맨 위에 첨부하여 보냈다는 것이다. 아니나 다를까 얼마 후 사단에서 표창이 수여된다는 통보를 받았다. 나는 정말 상복이 많아 그 표창이 전에 받은 군단장, 군단 포병사령관 표창에 이어 세 번째 표창이었다. 그런데 그 상장은 내가 전역을 하고 나서 우리 대대로 내려왔기 때문에 직접 받지는 못했다. 그 후 약 1년 직장생활을 하다가 철원 김화 근무시절이 생각나서 후배들도 만날 겸 지경리라고 하는 부대가 있는 곳으로 여행을 갔었다. 그 날 저녁 후배들 하고 한잔 하는데 근무시절에 나를 잘 따랐던 K대출신 후배 신 중위가 나에게 얘기했다. "오 중위님! 전역 하시고 나서 사단장 표창이 대대로 내려 왔길 래 제가 우리 BOQ 제방에 자랑스럽게 걸어놓고 있습니다." 그래서 내가 "신 중위 고맙다. 잘 보관해라"하고 내려왔다. 지금도 혹시 잘 걸려있는지?

22연대장님과의 인연

1980년 당시, 보병22연대장님과의 인연―영어로 맺어진 아름다운 인연이다. 1980년 12월경 내가 소위로 우리사단 GOP 관측 장교로 백골OP에 근무한지 얼마 되지 않아 우리 포병대대가 화력 직접 지원하는 보병22연대에 신임 연대장 님이 부임해 오셨다. 그 분은 갑종출신으로 미국 유학을 다녀오신 경력만큼이나 영어도 잘 하셨고 나중에 한미야전사(CFA.의정부에 있었던 연합사의 야전군단) 정보참모 ,2군사령부 정보참모 등을 역임하셨다. 겨울 어느 날 관측소에서 브리핑을 하고 있는데 보병대대에서 연락이 오기를 신임 연대장님이 나를 찾는다고 상황실 전화기 앞에 대기하라는 것이다.

내용인즉, 연대장 님이 부임 오셔서 제일 방문지인 백골OP와 전방시찰을 마치고 나서 포병단장 님이 그러셨듯이 외국 VIP들이 왔을 때 영어 브리핑을 누가하느냐고 참모들에게 물었고 연대 참모들은 당연히 내 얘기를 한 모양이었다. 그래서 연대장님은 예하 대대장에게 관측장교 오 소위로부터 원고를 좀 받아 보내라는 지시를 내렸던 것이다. 나는 복사기도 없었기 때문에 원고 1부를 깨끗이 필사해서 보내 드렸다. 원고를 읽어보시고 나를 찾으신 거다. 통신병이 "보좌관님! 연대장 님이십니다. 통화하십시오." 라고 했고 나는 "백골! 연대장님. 관측장교 오세근 소위입니다" 연대장님은 "아~오소위! 원고 잘 받았네. 고맙고 자네 영어실력이 대단하네."하셨고, 나는 다시 "아닙니다. 연대장님! 학교 다닐 때 영어실력으로 현지형에 맞게 작성했을 뿐입니다"라고 했다. 그런데 나중에 알고 보니 연대장 님과 나의 통화내용을 보병대대, 중대 등에서 모두 도청을 하고 있었던 것이다.

따라서 그 뒤로 부터는 어느 보병대대에서든 나를 연대장님과 아는 장교로 인정해 주었다. 하여튼 그런 인연으로 연대장님과 나는 VIP가 방문할 때마다 OP에서 만나게 되었고 제대할 때 까지 인연이 이어졌다. 전방에서 연대가 FEBA(후방)로 빠졌을 때 그때는 우리 대대장이 연대 연락장교로 보내주어서 연대장님과 함께했다. 거기서는 또 한미 야전사령관이 시찰 온다고하여 연대작계를 한 달 동안 영어로 번역을 했다.

그 때도 참모회의에서 작전참모에게 작계를 번역하라고 지시하신 모양인데 작전참모가 깜짝 놀라면서 "연대장님. 저희들은 영어할 줄 아는 사람이 아무도 없는데요?"하니까 "야~. 상황실에 포병 오 중위 있잖아? 그 친구한테 맡기면 되!"하셨다. 전방에서 연대가 철수하던 날 밤 야전방카 상황실에서 참모들을 도열시켜 놓고 포병작전계획을 나에게 브리핑하라고 하셔서 막힘없이 줄줄 했더니 "오 중위. 작전브리핑도 잘 하네" 하셨고 참모들은 "아이구 살았다!"하는 표정들 이었다. 하여튼 최고 경계부대로 선정되는 등 임무를 잘 마치시고 야전사로 영전을 가셨고 장성으로 진급하여 2군 사령부 정보참모로 임무수행 중이셨다. 나도 제대하고 인천에서 직장생활을 하고 있던 1985년 경? 전국 일간신문에 대서 특필의 큰 기사가 났다.

2군사령관과 정보참모가 작전 중 헬기사고로 순직했다는 우리나라 최대의 장성급 사고 기사!

 그 두 분의 존함은 사령관 김홍한 대장(부산상고출신)님과 정보참모 성윤영 장군이시다.

 신문에 나기를 "사령관은 우리나라 최고의 덕장이셨고 참모는 한·미야전사를 거친 유능한 장군이셨다."고 했다.

제3장

우리 군대의 희노애락(喜怒哀樂)

대대장과 보신탕

　우리 대대장은 언급했듯이 단기 사관출신이고 똑똑했는데 보신탕을 너무 좋아했다. 관사에 자기가 기르던 놈까지 당번을 시켜서 보신용으로 잡아 먹고 대대회식 때마다 단골 메뉴였다. 나도 지금은 안 먹지만 그 때만 해도 대한민국에서 최고로 좋아했다. 훈련 나가기 전에는 체력보강 용으로 거의 매주 소주와 함께 즐겼다. 그런데 하루는 내가 대대 상황장교를 맡게 되어 야간에 임무를 마치고 아침에 대대장께 상황보고를 하게 되었다. 보고 때는 항상 상부에서 내려온 '암구호'를 보고하게 되는데 그날 암구호가 "소주" "보신"이었다. 어느 술, 보신탕 좋아하는 참모가 정했는가 보다하고 대대장께 "대대장님. 오늘 암구호는 소주, 보신입니다"하고 말씀드렸더니 "하하하! 야! 오 중위! 오늘 저녁에 한잔 할래?"라고 말했다.

고마운 탤런트 분들

지금부터 탤런트 김혜자 씨와 강부자 씨에 대한 고마운 얘기를 좀 하겠다.

내가 최전방 GOP와 GP에 근무할 때 틈틈이 시간을 내어 일본어 공부를 독학으로 했다. 대대본부에 남아 있던 동기 한 중위에게 부탁을 해서 일본어 교본으로 1권을 구해 정말 열심히 했다. 사실 최전방에서 열심히 근무하지만 몇 달 동안 고지에서 민간인 1사람도 볼 수 없고 술도 한잔 못하는 그 외로움과 고독감은 경험해보지 못한 사람은 알 수가 없다. 하여튼 그 시간을 헛되이 보낼 수는 없으니까 공부를 하게 되었는데 그것도 지겹지 않게 하기 위해서 그 당시 신문에 크게 난 김혜자씨의 사진을 책 맨 뒷 쪽에 오려붙여서 날마다 보고 열심히 공부하고 짝사랑도 하게 되었다.

그 때 쌓은 실력으로 지금도 웬만한 일본어는 좀 하고 있는 편이다. 회사 생활할 때 구매부에 근무했는데 그때 일본 손님들이 찾아오면 상담에 큰 문제가 없었고 한번은 일본손님이 왔길

래 월미도에 데리고 가서 회 센터에 간적이 있다. 그때 수족관에 있던 조개를 보고 농담을 했더니 그 일본인이 배꼽잡고 웃었다.

하여튼 이 정도라도 하게 된 것이 모두 김혜자씨 덕분이라 생각하고 정말 고맙게 생각한다.(그 사진을 남겨놓지 못한 게 아쉽고 정말 예뻤다).

다음은 강부자 씨에 대한 얘기이다. 내가 하루는 휴가를 받아 서울역에서 새마을 기차를 타고 부산으로 가고 있었는데 전방에서 오다보니 자리를 못 구해 입석으로 갈 수밖에 없었다.

서울역에서 차가 출발하기 직전, 어느 여인 2분이 내가 서 있던 바로 옆 빈자리에 앉았다.

한사람은 강부자씨였고 한사람은 굉장히 예쁜 젊은 숙녀였다. 그런데 강부자씨가 주위를 둘러 보더니 나를 보고 "장교님! 어디 전방에 근무하시는 모양이죠? 수고가 많으십니다"하면서 마침 지나가던 커피차를 세우고 나와 손님들에게 한잔씩 대접했다. 나는 고맙다고 인사하고 몇 마디의 대화를 나누었다. 그런데 내가 차를 마시다가 아까 얘기한 예쁜 아가씨와 눈이 마주쳤고 황홀하리만큼 매력적이고 예뻤다. 지금 생각해보면 빨강티셔츠에 청바지 차림이었는데 주위 손님들이 저에게 탤런트 김MS 씨라고 가르쳐 줬다. 하여튼 평소에 통이 크다는 강부자

씨에게 감사하고 옷깃만 스쳐도 인연이라는데 예쁜 김MS씨를 보게 되어 그것도 인연이 아닌가? 생각한다.

노스텔지어에 우는 실향민 심정

요즘 이산가족 상봉문제에 대한 절실한 내용이 매스컴에 집중되고 있는데 전방 철책선(GOP)에서 벌어지는 안타까운 이에 대한 이야기를 한 가지 해보겠다.

내가 근무했던 철원 김화지역(백골사단) 철책 부근에서는 일 년에 몇 차례씩 거수자(거동수상자)가 체포되는 일이 벌어지고 있다. 그러면 관련부대에서 나와 조사를 하게 되는데 알고 보면 그 대부분이 북한에 고향을 두고 온 노인들이다.

"왜, 무엇하러 여기까지 오셨느냐?"고 물으면 "내 고향이 평강(철원, 김화, 평강 즉, 철의 삼각지 북한지역) 이다. 거기에 가족들을 보고 싶어 가려고 왔다. 왜 막느냐? 보내 달라" 혹은 "저기 철책 안에 보이는 마을 흔적이 있는 곳이 내 집이 있던 곳인데 가고 싶어왔다"는 등 가슴 아픈 사연을 말씀하신다.

거의 대부분이 가족과 헤어져 혼자 월남하셨다가 노년에 의지할 가족도 없고, 외롭고 그리움에 그야말로 향수병에 걸리신 것이다. 안 겪어 본 사람이야 실감을 못 하겠지만 세상 지구상에 이렇게 가슴 아픈 현실이 남아있는 곳은 여기 한반도 뿐일 것이다.

나는 이 문제는 다른 어떤 것보다 우선해서 먼저 해결되어야 하고 이번에 북한하고 협상할 때 이 문제를 집중제기 하여 성사시킨 것은 인륜지사를 생각할 때 최고로 잘 한일이라 생각한다. 북한이 응해주면 하고 응해주지 않으면 못하는 그야말로 돌파구를 찾지 못 했는데 국민의 한사람으로써 정말 잘한 일이라고 생각한다. 남북한의 정치와 관계없이 해결되어야하고 전방 철책에서 이런 거주자가 체포되는 일이 하루라도 빨리 없어지기를 바라는 마음이다.

군의 인사 사고예방과 사기진작 방안

최근 수년간 그리고 얼마 전 까지만 해도 우리 군에서는 인사사고를 비롯한 여러 가지의 사고가 발생되었고 이런 것들이 국민들에게 낱낱이 알려짐에 따라 군이 무슨 사고 집단인 것처럼 오해를 받고 매도를 당해 명예와 자존심이 실추되는 일이 자주 발생하곤 했다.

그래서 최전방부대에서 장교생활을 한 나의 경험을 근거로 하여 이를 예방할 수 있고 궁극적으로 군의 사기를 진작시켜 국민들로 부터 신뢰를 받을 수 있도록 하는 방안을 제안해 보고자한다.

각종 관련기관에서 발표하는 대책들은 너무 추상적이고 실현삼 군에서 효과도 발휘할 수 없는 탁상공론적인 내용이 많아 나는 직설적으로 병사들이나 간부들이 바로 납득할 수 있고 공감을 할 수 있는 방안을 제시해 보고자 한다.

1. 문제가 되는 사단에는 국가, 혹은 국군통수권자 대통령께서 최고로 신임하는 사단장을 그 부대에 임명하는 것이다. 그래서 그 부대의 사기와 자존심을 최대한 부양할 수

있도록 모든 지원을 아끼지 않는 것이다. 즉, 사단장이 그 부대의 모든 병사와 간부들에게 "나는 대한민국 최고의 사단장이라 자부한다, 그래서 국가에서 나를 이곳에 보냈다! 여러분들도 대한민국 최고의 군인이라 생각하고 나를 따르라"고 하면 이미 전 장병들은 눈빛이 달라지고 다른 딴 생각을 할 겨를이 없어질 것이다.

부대를 강군으로 만드는 것이므로 예산도 범위 내에서 최대한 지원해주며, 장병들 입에서 사단장을 존경하고 칭찬하는 말들이 스스로 나오게 해야 한다. 내가 근무하던 시절의 우리 사단장님은 모든 병사, 간부 심지어 부대주위의 모든 주민들로 부터도 존경을 받고 우리사단의 전통과 우수성을 내세워 그 사단에 근무하는 것 자체를 장병들이 최고로 자랑스럽게 생각하게 만들었다. 그러니까 구타사건, 총기사건 등 시시콜콜한 사고 같은 것은 발붙일 곳이 없었다. 이 문제는 부대장의 지휘력, 부대의 전통과 병사들의 사기와 직결이 된다.

2. 매월 각 군에서 최고의— 사병, 하사관, 소대장, 중대장, 대대장 등을 선발하여 모든 국민들이 알 수 있도록 매스컴에 발표를 하는 것이다. 그러면 국민들이 그 선정사유를

듣고 모두 감탄할 것이며 이렇게 훌륭한 군인들도 있었던 가? 하고 군을 신뢰할 것이다.

3. 90년대 방송에서 큰 인기를 얻었던 '우정의 무대' 같은 군 위문 프로램을 재개발 방영하여 장병들과 국민들이 재미있게 같이 보고 신뢰와 공감대를 형성할 수 있도록 하는 것이다. 그때 사회를 보신 뽀빠이 이상룡 선배 같은 분은 군의 사기를 엄청나게 올려주었다고 평소에 생각하고 있다.

4. 군에서 여러 가지의 포상 제도를 폭 넓게 개발, 활성화하여 전 장병들의 사기도 높여주고 또한 포상을 받은 장병들에게는 전역 후에도 사회 각종 분야에 진출할 때 가산점을 주는 정책을 추진하는 것이다. 그러면 모든 군 복무자들에게 일괄 가점을 주고자 했을 때 제기되는 형평성의 문제도 좀 줄어들 것이다. 따라서 군에서는 전투력 기준의 포상제도 외에 지금 까지는 없었던 여러 가지의 포상 프로그램을 개발하여 장병들이 자발적으로 즐겁게 군 생활을 할 수 있도록 만드는 것이다. 예를 들면 '인사사고 예방 최우수 선임 병사, 안전사고예방 최우수병사, 사격 최우수병사, 오락 활동 부대화합 최우수병사, GP GOP근무 최우수병사, 북한지역 관측 최우수병사, 승진훈련 효

도 최우수병사, 선행 최우수 병사' 등 평소에 그냥 지나쳤던 병사들의 우수성을 최대한 격려 발굴하여 포상하는 것이다. 이렇게 하면 돈만 써서 해결하려는 방법과 어떤 다른 방법보다도 좋은 해결책이 될 것으로 확신한다.

이산가족에 관련한 이야기 2

제가 평소에 존경하고 형님처럼 모시는 1기 선배님 한분이 계신다.

K대 출신이고 학생 때부터 앞 머리가 조금 빠져서 학교 한해 후배인 가수 김상희씨의 노래 '대머리총각'의 실제 모델이었다고 한다. 그 분의 고향은 함경도 북청이신데 1.4후퇴 때 흥남부두에서 아버님과 함께 미군 철수선을 타고 월남하셨다고 한다. 철수선이 기착했던 곳은 거제도인데(실제로 거제도에는 6

기 선배님이 세우신 흥남철수선 기착 기념비가 있음)

거기서 조금 대기하다가 부산으로 와서 정착하셨다고 한다.

부산서 해운대 초등학교를 다니셨다고 하시는데 몇 년 전에 내가 그 선배님을 포함한 1기 선배님 몇 분을 울산으로 초청하여 몇 군데 관광을 시켜 드린 적이 있었다. 울산 KTX역에 도착하여 제일 먼저 안내 해 드린 곳이 양산 통도사였다.

경내를 걸어가면서 선배님이 하시는 말씀이 "오사장. 내가 옛날 해운대 초등학교를 다닐 때 여기 통도사에 소풍을 온 적이 있었는데 오늘 여기를 약 60년 만에 다시 와 보네" 하시면서 감회에 젖으셨다.

그 다음에 안내 해 드린곳은 울산의 유명한 울기등대공원이었다. 수천 그루의 빽빽한 아름드리 해송으로 둘러싸인 아름다운 곳이며 신라 문무대왕의 부인(왕비)의 수중무덤으로 알려진 대왕암이 있는 곳이다. 다른 선배님 한 분이 대대장시절에 간첩만 잡으로 다녀서 전국의 유명한 산과 사찰을 안가본데가 없다는 등의 하시는 얘기를 들으면서 즐겁게 관광을 마치고 경주로 이동했다. 콘도에서 일박을 하고 다음 날 불국사와 석굴암으로 안내를 해드렸다. 오솔길을 따라 석굴암으로 올라가는 중에 여행온 학생들과 마주치게 되었는데 K대 그 선배님께서 "야 오 사장, 학생들을 보니 내가 또 생각이 나는데 내가 서울사대 부고를 다닐 때 여기에 수학여행을 와보고 오늘 또 처음이네. 이게 이제 마지막이겠지?" 하셨다.

나는 "선배님, 무슨 말씀을요. 언제든지 오실 수 있고 또 제가 모시겠습니다. 그런데 선배님 말씀을 듣고 보니 정말 오랜만에 다시 여기와 통도사를 오셨다고 하시는데 통일이 제발 빨리 되어서 고향에도 한번 가 보셔야 될 텐데요?"하고 말씀드렸더니 "아이구. 오 사장. 우리 나이가 칠십이 아니냐? 내 살아있을 동안에 통일이 되겠나? 그리운 고향에 가고는 싶지만 나는 고향가는 것은 이미 포기했다"고 말씀 하셨고, 순간 미안하고 숙연한 마음이 들고 말았다.

평소에 나를 동생같이 아껴주시고 사회 생활에도 많은 도움을 주신 선배님께 내가 드리고 싶은 말씀은 "선배님. 우리나라 어느 유명한 분이 예언하셨듯이 통일은 지금 시대에 어느 날 갑자기 불현 듯 올 수 있습니다."라는 것이다. 그 선배님은 우리나라 대한제국 군이 강제 해산되는 시점부터의 독립투쟁사 책을 저술하기 위해 중국 길림성 지역을 100번정도 다녀오셨고 "피어린 장백산"이라는 책을 발간하셨다. 나하고는 가끔 충무로에 있는 이북 식당으로 유명한 냉면집에 가기도 한다.

후송된 통합병원에서 귀환한 병사

우리 부대 BOQ에 식당 당번병 1명이 있었다. 부산에서 학교를 다닐 때 씨름선수도 했고 익살스러워 내가 많이 아껴준 친구였다. 그런데 그 친구가 선수시절에 허리를 다쳐 의무대 신세를 질 때가 많았고 BOQ에도 그래서 파견을 나와 있었던 것이다. 그런데 시간이 갈수록 그 상태가 더욱 나빠져서 통합병원까지 가야 하는 문제가 발생 되었다. 떠나기 전날 나에게 인사를 하러 와서 "보좌관님. 제가 지금 후송가면 이제 제대할 때쯤이나 돌아와서 다시 뵙겠습니다. 그 동안 많이 위해 주셔서 감사합니다. 막상 떠나려고 하니 눈물이 나올 것 같습니다"라고 했다.

나는 "그래 잘 다녀와라. 치료 잘하고. 네가 내보다 제대를 빨리하니 대대에서 볼 수는 있겠다"하고 위로하고 보냈다. 그런데 이 친구가 떠난 지 한 달가량 지났는데 갑자기 대대로 복귀를 했다. BOQ로 다시 왔길래 내가 "박 병장! 웬일이야? 치료도 다 하지 않고 왜 이리 빨리 돌아왔어?"하고 물었더니 "보좌관님 저는 이제 절대 후송가지 않을 겁니다. 죽어도 대대에 있다가 제대하겠습니다"라고 하면서 자초지종을 얘기 했다. 내용인즉. 이 친구가 제대를 약 6개월 정도 남겨놓은 고참이었는데 통합병원에 후송을 가보니 계급이 낮은 병사가 먼저 후송을 와서 자기보다 고참 대접을 받고 자기는 찬밥 신세였다고 했다.

게다가 하루는 내무반에서 병사들이 막 떠들고 있으니까 간호장교 한사람이 문을 "쾅"차고 들어오더니 "이 자식들 조용히 지내라고 했는데 이렇게 또 떠들고 있어? 주의도 한 두 번이지 다시 한번 더 떠들면 조인트 확 까 버리겠다"라고 경고를 주더라는 것이다.

박 병장은 "야~ 좀 편할라고 왔는데 여기보다는 고생이 되더라도 우리 대대가 훨씬 낫겠다고 생각되어 복귀를 자원하여 돌아왔다"고 하니 참으로 안타까웠다.

장교로서의 어려운 휴가 1

　장교들의 휴가란 병사들처럼 정기적으로 정해져있는 것도 아니고 또 휴가를 받더라도 일수가 정해져있는 것 또한 아니다. 대대장의 결정에 따라 겨우 2박3일 길어야 3박4일정도. 더구나 전방의 철책 근무가 연속이 되는 경우에는 2년여의 군 생활 동안 한 번도 휴가를 못 가는 장교들도 있다. 그래서 내가 그때 우리대대에서 있었던 그와 관련된 얘기 몇 가지를 해 보겠다.

　C대학교 출신 선배와 나는 1980년도 군단의 포술경연대회라는 힘든 훈련을 마치고 부대원들의 순차 휴가계획에 따라 짧은 휴가를 명받았다. 그런데 통상 휴가 출발 당일 대대장께 신고를 하고 출발을 해야 하는데 선배와 나는 당일 아침부터 바쁘신 대대장을 만나기가 하늘의 별 따기였다.

　그러다가 금쪽같은 오전 시간은 다가 버리고 잘 못하다가는 휴가기간 하루를 모두 허비를 해버릴 상황에 처하게 되었다. 선배님이 고민하다가 점심시간에 대대장 관사로 쳐들어 가서 신고를 하자는 것이다. 나는 하자는 대로 따라 갔고 마침 관사에 들어가니 대대장이 식사 중 이었다. 사실 대대장이야 누가 언제 휴가를 가는지 신경을 쓰지 않기 때문에 무슨 일인가 하고 의아해 하시다가 선배님이 휴가신고를 하러 왔다고 하니까 "야~이놈들아. 아무리 바빠도 그렇지 내가 식사를 하는데 여기까지 쳐들어 오냐? 그래 식사는 했어? 내 이번은 용서해준다"고 하셔서 신고를 부리나케 마치고 서울행 버스를 탔다.

장교로서의 어려운 휴가 2

또 한 번은 그 때는 내가 중위를 달고 후배들과 근무를 할 때인데 추운 겨울에 한모 후배가 보병지원훈련을 마치고 와서 나한테 애로사항이 있다고 좀 해결해 달라는 것이었다. 대구가 고향인 후배는 여자친구 관계에 중대한 문제가 발생하여 잠깐

이라도 휴가를 안다녀 오고는 안될 그런 상황이라고 대대장께 좀 말씀을 드려 휴가를 다녀올 수 있도록 좀 해달라는 것이다.

그런데 그때는 내가 마음 터 놓고 무슨 부탁이라도 할 수 있었던 전임 우리 대대장님은 상급 부대로 영전을 해서 가버린 상태였고 신임 대대장과는 크게 인간관계가 형성되어 있지 않은 상태였기 때문에 부탁하기가 쉽지 않았다. 나도 고민 끝에 후배에게 "야 한 소위! 너 그렇게 중요한 일이면 대대장실로 바로 찾아가라. 얼굴에 말이야 위장 먹칠도 좀 하고 하여튼 보병 훈련 마치고 바로 왔다하고 솔직히 좀 부탁드려 봐라. 내가 해줄 수 있는 방법은 이것 뿐이다"하고 얘기했다. 그래서 그 후배는 내가 시킨 대로 대대장실로 찾아 갔고 그 모습을 본 대대장은 "야 임마! 아무리 그래도 그렇지 위장을 하고 나를 공격하러 왔냐? 그래도 용기가 대단하다. 다녀와!" 라고 하셨다고 한다.

부대대장과의 인연

　81년겨울, 내가 보병연대 연락장교로 파견 나가 있을 때, 그 때는 연대와 대대가 거리가 좀 떨어져서 매주 금요일 오후에 대대로 와서 동기, 후배들과 지내고 월요일 아침에 다시 연대로 출근하고 있었다. 그런데 어느 날 하루 저녁에 대대로 왔는데 후배들이 모두 말이 없고 죽을상이 되어 있었다. 내가 "너희들 왜 모두 말이 없고 처져있나? 무슨 일이 있었나?"하고 물었더니 평소에 나를 잘 따르던 J대출신 고 소위가 자초지종을 모두 나에게 보고를 했다. "오 중위님. 오늘 수송 장교 장 소위가 부대대장께 엄청나게 당했습니다. 대대장님이 어디로 긴급히 가야하는데 1호차가 갑자기 고장이 나서 부대대장님 차를 내줬다는 겁니다. 이 사실을 안 부대대장이 장 소위를 불러 꾸짖고 말도 못 할 정도로 심하게 깼다고 합니다. 우리는 도저히 자존심이 상해서 참을 수가 없고 방법은 없고 해서 지금 분위기가 이렇게 되었습니다"라고 말했다.

　대대에 내 동기 중위들이 몇몇 있었지만 모두 순한 친구들이라 이 문제를 어떻게 할 수가 없었고, 후배들은 평소에 의협심이 강했고 구심점이었던 나를 믿고 상세히 얘기해 줬던것이다. 나는 이 얘기를 듣고 충격을 받고 도저히 그냥 넘어갈 문제가 아니라고 생각했다. 대대에 특별히 챙겨주는 간부하나 없는 우리의 입장을 생각해 볼 때 그냥 넘어가면 우리가 제대하고 나서라도 후배들의 위상이나 대접받을 처지가 눈에 보듯 뻔하였다.

나는 곧 바로 후배들에게 "너거들 모두 나를 따라와! 오늘 밤에 부대대장 집에 쳐들어간다! 맥주도 1박스 준비해라" 하고 7명의 후배들을 데리고 부대대장의 집으로 갔다. 그 당시에는 간부들의 집이래야 영관급 간부라도 관사나 아파트도 잘 없었고 그야말로 아궁이에 불을 지펴서 밥하고 난방을 하는 그런 허름한 촌집이었다. 정말 장교들도 고생이 많은 시절이었다.

하여튼 나는 부대대장 집 좁은 마당에 도착하여 방 앞에서 "부대대장님!"하고 큰 소리로 고함쳤다. 그랬더니 주무시다가 깜짝 놀라 잠옷 바람으로 문을 여시더니 "오 중위 이 밤늦게 왠일이야?"했다. 내가 후배들을 데리고 온 것을 보고 부대대장은 감을 잡고 친절히 모두 방안으로 들어오라는 것이다. 사모님도 주무시다가 옷을 갈아 입고 우리와 마주쳤는데 미안한 마음이 들었지만 할 수 없는 상황이었다.

나는 가져온 맥주를 깔아놓고 부대대장께 "부대대장님! 아무리 그래도 그렇지 장 소위를 그렇게 심하게 혼을 내서 되겠습니까? 그러면 이 친구들이 앞으로 군 생활을 어떻게 하겠습니까?" 하고 따졌다. 그러자 그렇게 깐깐하고 그야말로 바늘로 찔러도 피 한방울 안 나올 만큼의 매정하고 참모들을 휘어잡는 사람이 나에게 "오 중위. 그래 내가 좀 심했네. 순간적으로 화가 나서 그랬으니 화 좀 풀고 맥주나 한잔씩 하자."고 했다. 그리고 장 소위에게도 미안하다고 사과를 했고 술 한 잔씩 하고 마무리가 잘 되었다.

그런데 어느 날 사관학교 출신 우리 기수로 따지면 한해 선배인 이모 중위님(나의 대작 대취 파트너)이 나에게 "야 오 중위!" 부대대장님이 나하고 같이 훈련을 나갔는데 말이야. 너 얘기를 하더라. 대단한 놈이고 장교들 중에서 제일 용감한 놈 이라고. 그리고 자기도 "오 중위가 그렇게 공격해 오지 않았더라면 그냥 자만심에 빠져 있었을 거라고. 그런 희생정신이 사실 있어야 된다"고, 그 뒤로 부대대장과 나는 잘 지냈다.

병사들의 노고와 고생

요즘 병사들의 세계에서 크고 작은 사고가 발생하여 군대가 무슨 사고 집단인 것처럼 오해를 받는 경우가 많은데 이런 오해를 불식시키기 위하여 실제로 우리병사, 장병들이 국가와 국민을 위하여 얼마나 많은 수고와 고생을 하고 있는지, 전방에 근무한 경험을 토대로 얘기해 보려한다.

내가 80년대 초반 근무했던 김화 최전방 지역은 6.25때 철원, 평강과 함께 철의 삼각지로 불렸던 곳이고 훌륭한 전통이 있고 북한 군이 최고로 무서워한다는 3사단 백골부대가 있는 곳으로 알려져 있다.

나는 포병장교였지만 관측장교의 임무를 띠고 자주 보병부대 훈련에 참가하게 되었다. 장교든 병사든 힘들고 어려운 보람된 훈련이 많지만 특히 겨울에 펼쳐지는 혹한기 야간 훈련이 어려운 과정으로 알려지고 있다. 영하 40도 정도로 느껴질 만큼의 추위와 휘몰아치는 눈보라를 뚫고 자정에 부대를 출발하여 새벽 5시경에 돌아오는 야간 산악행군이 있었다. 그때 느낀 생각을 얘기하면 뺨에 얼음조각 같은 눈 파편 만 맞고 있다는 느낌 뿐 정말 생각과 사고도 얼어버린 것처럼 모든 생각과 감정이 없어져 버린다는 것이다. 무념, 무상, 무아의 세계라 할까. 그만큼 춥다는 것이다.

그런 행군 중에 나는 화기중대에 소속된 병사들이 완전군장에 81미리라고 하는 박격포의 포판, 포신. 지지대 등을 등에 지고 행군하는 것을 지켜 보았다. 자기 몸무게 만큼의 짐을 지고 걷게 되는 것이다. 더구나 전입 온지 얼마 안 되는 짐을진 이등병이나 일등병들이 내 옆을 지나갈 때는 정말 내가 좀 짐을 덜어 줬으면 하는 마음이 꿀떡 같았지만 방법은 없는 것이었다. 미끄러운 산악의 빙판길에 넘어지기라도 하면 그 애처롭기가 한이 없다.

그러나 이렇게 힘든 훈련이라도 다음 날 아침에 귀대해서 보면 1명도 낙오 없이 모두 건재하여 있는 것이다. 더구나 우리사단에서는 구타사고나 불명예스런 사고 같은 것은 거의 찾아볼 수가 없었다. 어느 조직이든 완벽하게 사고 제로의 집단은 있을 수 없다. 그러나 부대의 전통과 최고 지휘관의 용기와 능력에 따라 우리 병사들의 행동도 달라진다고 생각한다.

고생은 되지만 그것을 보람으로 생각할 수 있는 군대가 되어

야한다. 국회 등에서 무조건 군을 질타하는 것은 우리 병사들에게도 아무런 도움이 되지 않는 것이다. 그것은 마치 병사들의 아버지를 불러 놓고 공개적으로 자식 앞에서 질타하는 것과 똑같은 것이다. 그 순간부터 군의 명예와 위계질서는 사라져버리고 애국심은 없어져 버린다. 군을 존경하고 자부심으로 충만된 병사들로 만들어야 한다.

또 다른 훌륭한 병사 이야기

내가 관측장교로 GP에 근무할 때 있었던 얘기이다. 사실 일반 국민들은 GP라는 곳을 잘 알 수도 없고 군 생활을 한 장교 출신들도 근무를 해보지 않은 사람들이 많으므로 대강 비무장지대 안에 있는 북한군과 마주보고 있는 위험한 곳이라는 정도만 알고 있을 것이다. 위험한 곳은 당연히 맞지만 그 외에 사실 힘든 것이 또 하나가 있는데 극한적인 외로움이란 것이다. 군대에서 무슨 외로움이냐고 애기할지 모르지만 인간 본연의 문제이기 때문에 할 수 없는 현상이라고 판단되어 진다.

통상 매스컴에서 자주 볼 수 있는 철책선, 즉 GOP라는 곳도 힘든 곳이지만 GP입장에서 보면 GOP는 천국 같은 곳이다. 왜냐하면 민가나 민간인을 볼 수 없는 것은 똑같은 상황이지만 그래도 GOP에서는 소대장이나 관측장교들은 옆 동기소대에 갈 수도 있고 대대본부에 회의를 하러 갈수도 있고 사단이나 상급부대에서 오는 참모들이나 VIP를 만날 수도 있는 등 GP와 비교하면 그래도 행동반경이나 최소한의 사람 교류가 가능한 곳이다.

그러나 GP라는 곳은 몇 평 안 되는 좁은 범위의 테두리 안에서 소대원간의 소통 외에는 인간의 교류가 전무한 곳이기 때문에 늘 긴장되는 곳이지만 근무 외 남는 시간의 적적함과 외로움 같은 것은 내 경험으로는 말로 표현할 수 없는 정도이다. 사회에서 얘기하는 외로움이란 것은 거기서 보면 아주 사치스런 말로 여겨질 뿐이다. 밤에 수십 키로로 이어지는 우리지역 GOP철책선의 불빛을 바라보면 언제쯤 저기로 가보나 하는 생각이 절절히 든다. 그래도 병사들은 일주일에 한 번씩 대대본부에 목욕을 하러 다녀오지만 소대장과 포병관측 장교들은 임무의 중요상 아예 몇 달 동안 움직이지를 못한다.

그래서 통상 병사들은 신병훈련 후 사단에 배치되어 졸병시절에 자원해서 GP근무를 신청하는 경우는 흔하지 않다. 그런데 나는 그런 용감한 병사를 내가 근무할 때 한명 보았고 아직도 그 기억을 잊지 않고 있다. 심야에 소대장과 내가 순찰을 도는데 어느 날 밤에 순찰을 돌다 가보니 경계를 서고 있는 못 보던 신병 한명을 보게 되었다. 나는 격려 겸 대화를 나누었고, 그날 낮에 자기는 우리 GP에 배치를 받아 왔다고 했다. 그래서 나는 어떻게 며칠 안 된 신병이 여기에 왔느냐고 물었더니 자기는 이런 위험한 곳에 꼭 근무를 한번 하고 싶어서 스스로 자원하여 왔고 아주 좋다고 했다. 어려운 집안에 태어나 고생을 많이 한 친구인 것 같았으며 그래도 세상을 원망하지 않고 꿋꿋이 살아가는 젊은 친구로 짐작되었다. 나는 그 병사가 나중에 고참이 되었어도 후배들을 아껴주고 리더 하는 훌륭한 병사가 되었으리라 생각한다.

사단장의 역할

　사단장의 역할이야 두 말 할것도 없이 작전지휘를 우수하게 수행하고 전투에 대비한 부대의 능력을 최대한 함양시키는 것 등 여러 가지가 많겠지만 나는 부대원들의 사기를 어떻게 진작시켜 평소에 군에서 문제가 되고 있는 각종 사고 등을 예방하고 최상의 전투력을 유지 할 수 있는가 하는 것에 대한 탁상공론 적이고 형식적이지 않는 얘기를 좀 해보고자한다.

　돈 들이지 않고 제일 손쉽게 할 수 있고 한편으로 제일 중요한 것이 사단장의 초급장교와 병사들에 대한 스킨십이라고 생각한다. 사실 지휘야 간부들이 하지만 최전방 최말단에서 몸으로 수족같이 움직이는 세력은 소대장이나 병사들이다. 이들의 사기와 능력은 사단장의 애정 어린 스킨십과 관심에 따라 180도 달라진다고 생각하며 내 경험을 얘기 해 보겠다. 전 부대원의 책임자인 사단장은 절대 무게만 잡고 있어서는 안 될 것이다. 내가 우리사단에 배치 받았을 때 사단장을 하신 모 사령관님은 그 자신도 최고의 엘리트 코스를 밟고 외국어도 여러 개를 하셔서 나중에 국가의 큰 대사를 치르는데 중요한 역할도 하신분이지만 초급장교와 병사들에 대한 애정은 각별했다. 이들의 능력과 사기진작을 위하여 사단장이 직접 참석하는 막걸리회식에서 춤, 노래, 포옹을 함께하고, 엄격했지만 장병들이 스스로 존경하고 자랑스럽게 생각하는 분이었다.

만약에 사단장하고 악수를 한번이라도 한 병사가 부대로 돌아가서 사고를 치겠습니까? 더구나 포옹을 한번이라도 했다면 아무리 문제가 있는 친구라도 마음을 바꿔먹고 군 생활을 잘할 겁니다. 그리고 결정적인 순간에는 자기 온 몸을 바쳐 충성을 다할 것입니다. 그분은 그렇게 했다.

막걸리의 이름을 우리사단 이름을 붙여서 '백골막걸리' 라고 불렀고, 사단을 인생을 배우는 '백골대학' 이라고 했다. 실제로 전 장병들과 우리는 그렇게 생각했고 우리사단에 근무하는 것을 무엇과도 바꿀 수 없는 큰 자부심으로 생각했다. 전역 후에도 그 전통은 이어져 동지회가 결성 되어 매년 부대를 방문한다.

한번은 또 이런 일도 있었다. 동기 초급장교 100여명이 사단에 전입되어 각 부대에 배치된 후 사단교육을 위한 집체교육을 1주일간 받게 되었는데 마지막 날 저녁 집체대대식당으로 사단장께서 직접 군악대 3인조 밴드와 막걸리를 가득 가져와서는 "제군들! 우리사단에 배치된 것을 다시 한 번 진심으로 축하하고 오늘 저녁은 사단장이 여러분들을 위하여 축하와 교육노고를 치하하는 회식을 열어 주고자 하니 지금 부터 사단장 눈치 일절 보지 말고 마음껏 여러분들의 끼를 발산해 보시오!" 라고 했다. 그러자 우리 동기들은 한 명도 눈치 안 보고 대학 다닐 때의 놀던 실력이 있어 사단장 앞에서 장기를 유감없이 발휘했다. 그런데 그중 1명이 노래를 부르고 나서 "백골! 사단장님 앞에서 추태를 보여드려 죄송합니다." 고 하니까 사단장님께서 "아니요. 그건 추태가 아니고 젊은 장교 여러분들의 특권이요. 끼를 보여줘서 고맙소!" 하셨다.

그 분은 나중에 수경사령관으로 영전을 가셨는데 전 장병들을 교대로 우리 사단으로 보내 철책근무 경험을 쌓도록 하였으며, 간부들도 모두 견학을 보내왔다. 사단 창립기념일 행사에도 직접 참석하신 후 직접 세우신 백골OP를 둘러 보시고 가셨다. 사단장의 애정이 부대와 부대원들을 강군으로 만들고 군을 자랑스럽게 생각하게 한다.

장병들이 서울로 나올 때 그 부대마크를 자랑스럽고 영광스럽게 생각할 수 있는 부대로 만들어야한다.

한탄강의 아름다움

내가 근무했던 철원·김화 지역을 관통하며 수십 키로를 흘러가는 한탄강을 생각할 때면 늘 감탄스럽고 흥분되는 마음을 억누를 수 없다. 우리같이 남부지방이 고향인 사람들은 그 강을 이름만 들어봤을 뿐 사실 평생 가 볼 기회가 없는 것이다. 그래서 나는 그 강을 군 생활을 하면서 가까이 하게 된 것을 정말 고맙게 생각하고 늘 머릿속에 간직할 수 있어서 축복으로 생각한다.

북한의 평강지역에서 발원하여 우리사단 김화지역과 인접 철원평야, 연천지역 등을 지나 나중에 전곡에서 임진강과 만나는 천혜의 아름답고 장관이 펼쳐지는 우리나라에서 유일한 화산용암에 의한 땅속 수십 미터까지 침식된 바위기둥 사이로 흐르는 협곡의 강이다.

관광객들에게 잘 알려진 곳을 우선 나열해보면 '순담지역.승일교, 고속정, 직탕, 금강산철길 상류지역, 철원평야지역, 군탄지역.한탄강 유원지…'등이 있으며 연관된 그 주위에는 또 궁

예가 울었다는 '명성산, 삼부연폭포, 산정호수, 용화동마을,재인폭포, 남대천휴양지.'등이 있다.

또한 철원안보관광지역에 "북한노동당사, 끊어진 철길 마지막 월정리역과 지역사단장의 꿈에 의해 발견된 의미심장한 사연이 있는 '도피안사', 그리고 '심원사' 등이 있다.

인연-확률로도 어려운 4번으로 연속 이어진 군대 친구와의 인연

내가 1980년 대학졸업과 동시에 소위로 임관하여 포병학교로 초급장교 병과교육(OBC)을 받으러 광주로 갔다. 전국대학에서 배치 받아온 약 1,000 여명의 동기들 중에서 같은 구대(소대)에 배정된 마산이 고향인 한 동기를 만나게 되었다.

이 만남이 첫 번째 인연이고 그 이후 연속 3번의 인연이 계속되어 나중에는 같은 군사령부, 같은 사단, 같은 대대 등 부대를 결정될 때마다 같이 떨어졌다. 즉, 교육을 마치고 1,000여 명이 여러 사령부로 나뉠 때 같은 사령부,몇 백명의 사령부 장교중에서 사단배정 추첨에서 또 같은 사단,백여명의 사단 장교 중 대대추첨시 또 같은대대! 확률로 계산하면 몇 %가 될까?

아마도 나는 이 친구를 하늘에서 보내준 나의 수호신이 아닌가 생각한다. 지금도 제일 친한 친구이고 더구나 얼굴도 아주 미남이다. 어려울 때 서로 격려 해 주고 술도 많이 마시러 다녔고 하여튼 고마운 마음이 그지없다. 이 친구가 누구냐 하면 제가 저번에 썼던 내용에 나온 남양으로 부터 짝사랑 받았던 한 중위이다.

백골사단의 선물

나는 몇 차례 언급했지만 내가 군 생활을 철원 김화지역 3사단(백골사단)에서 하게 된 것을 하늘에서 내려준 정말 고마운 선물이라고 생각하고 내 인생의 크나큰 전환점이었다고 생각한다. 사실 나는 대학교 생활과 장교후보생 생활 때 까지는 평범한 학생에 지나지 않았다. 그러나 어떻게 하늘이 나에게 그렇게 고마운 선물을 줬는지 내 마음대로 결정할 수도 없는 지역에 내가 배치가 되었다. 더구나 고향인 남쪽에서 태어나고 서울 윗쪽으로는 한 번도 가 본적이 없었는데 우리 남한의 최북단지역 GOP부대에 배치가 된 것이다.

평범한 학생에서 그야말로 훌륭한 장교가 될 수 있도록 우리 사단이 동기를 제공해 준 것이다. 거기서 겪은 수 많은 감동적인 일 들은 내 스스로도 예측이나 상상도 못 할 일들이었고 지금 이 글을 쓸 수 있게 해준 계기가 되었다.

처음 그 지역에 배치가 되었을 때는 의정부에서 출발하여 비포장 도로의 산길을 차를 타고 넘어가니 삭막하고 막막한 생각

밖에 들지 않았다.

  그러나 도착 해보니 거기의 사단장님은 나중에 올림픽조직위원장, 서울시장 까지 역임하신 훌륭한 분이 계셨고 전입온 우리 신임장교들, 전역하는 2해 위의 선배들, 같이 근무할 1해 위의 선배님등 약 300여명의 중·소위 장교들을 사단 연병장에 초청하여 성대한 축하 파티를 열어주었다. 뽀빠이 이상룡 선배님이 군 생활 하실 때 그 분과 인연이 있어 직접 오셔서 사회를 봤다.

  긴장되고 위험한 최 전방에서 힘들었지만 감동적이고 보람된 일이 많아 내 인생을 자부심으로 채워준 그 시절을 생각하면 언제나 뿌듯한 마음이 앞선다. 그 당시 만났던 우리 백골부대 병사들, 4성 장군까지 되신 유능한 참모들, 대대장, 연대장 님들 나에게는 모두 귀감이 되었고 지금 만날 수는 없지만 정말 잊을 수 없다.

불발된 산정호수 데이트 사건

한 모 중위와 내가 자주 가던 카페에 우리 파트너들이 한명씩 있었다. 82년 봄 어느 날 내가 우리 파트너에게 주말에 한 중위하고 시간 낼 테니 네 명이 산정호수에 같이 갈 수 있겠냐고 제안했고 다음 날 오케이를 받았다.

그래서 토요일 날, 한 중위와 나는 위수지역통과 '증'을 준비하고 BOQ에서 새 군복으로 갈아 입고 군화도 닦고 출발준비를 하고 있었다. 그런데 같이 있던 동기 김 중위와 정 중위가 우리 행동을 보고 아무래도 이상했는지 어디 가느냐고 캐물었다. 우리는 대꾸하지 않고 산정호수가 있는 운천행 버스를 기다리고 있었다. 오후 2시 운천 터미널에서 만나기로 하였으니 12시30 분경 통과하는 버스를 탈 계획이었다.

그런데 두 놈이 계속 어디 가느냐고 끈질기게 물고 늘어 지는 것이었다. 우리 대답을 들을 수 없으니까 김 중위는 포기했는데 정 중위란 놈은 대대 정문까지 따라 나오면서 얘기 안해 주면 버스를 같이 타고 가겠다는 것이다. 어린애 보채듯이!

아~. 이거 버스 올 시간은 다 되가고 떨어뜨리지는 못 하겠고 고민하다가 시간을 보니 우리 파트너들은 카페에서 이미 먼저 출발 했을 시간이었다.

카페가 있었던 마을은 대대에서 많이 떨어졌기 때문에 약 1시간 정도 전에 우리 파트너들은 떠났을 시간이었으므로 만약 우리의 계획을 알고 정 중위가 훼방을 놓으러 간다 하더라도 시간상 불가한 타이밍이었다. 그래서 정 중위를 떼어놓을 심산으로 대강 우리의 계획을 얘기해줬고 대신에 입 다물라고 해놓고 약속장소 운천으로 출발했다.

그런데 아뿔싸 그게 아니었다. 터미널에 도착해보니 파트너들은 보이지를 않았고 30분가량 더 기다려 다음차가 왔는데도 보이지를 않았다. 휴대폰도 없던 시절이라 공중전화에서 카페로 전화를 했더니 우리 파트너들이 급한 일이 생겨 출발을 좀 미루고 있었는데 정 중위란 놈이 뒤늦게 나타나서 파트너들에게 우리 계획을 들었다고 놀려댔다고 한다.

그 이야기를 듣고 파트너들은 올 수가 없게 되었던 것이다.

그래서 나의 생활신조 중 하나가 '천기누설 금지'이다.

이주일씨 이야기

제대를 얼마 남겨놓지 않은 82년도. 그 당시에 우리에게 제일 인기 있었던 방송은 프로야구와 주말에 방송되던 이주일 씨가 출연한 프로그램 이었다. 이주일 씨가 그때 했던 우스운 얘기 하나를 그대로 전해보겠다. "제가 옛날에 돈을 못 벌 때는 우리 마누라가 제 자는 모습을 보고 날마다 못 생겼다고 얘기했는데, 요즘은 돈을 좀 벌어주니까 배우 아랑 드롱 닮았다고 합니다."

오성산에 관한 이야기

전에 언급했던 내가 근무했던 백골OP 바로 맞은편에 북한의 오성산이라는 산이 있다. 높이는 1,062m이고 앞에서 보면 깎아지른 듯이 거의 직선으로 뻗어 있으며 주위의 산들도 뾰족하게 같이 연결되어 수 킬로미터로 꼭 산악 병풍을 펼쳐 놓은 듯 위압적으로 서있다.

철원평야와 김화평야를 굽어보고 있으며 맑은 날 의정부까지 보인다고하며 북한쪽에서 올라오는 방향은 경사가 완만하다고 한다. 따라서 그 전략적 중요성 때문에 김일성이가 "남한 국군 장교 군번 한 트럭과도 바꾸지 않겠다"고 했다는 산이다.

산의 우측인 김화 쪽에서 연결되는 능선이 있는데 그 능선은 오성산으로 올라 갈 수 있는 유일한 측면능선이라 6.25때 우리 국군, 유엔군과 북한군, 중공군 등이 치열한 격전을 치러 상호 많은 인명피해를 냈던 '저격능선' 이라는 곳이다.

좌측은 한탄강을 끼고 넓은 평야와 개활지가 연결되는데 계속 가면 평강까지 연결이 된다. 확실한지 모르나 북한 평강방송국의 송신탑이라는 것이 보이기도 한다. 하여튼 비록 산은 북한지역 산이지만 가을에 단풍이 들면 그렇게 아름다울 수가 없고 이른 아침에 운무속에 둥둥 뜨있는 수십개의 산봉우리들은 마치 한려수도의 섬 같이 아름답게 보인다.

또한 비개인 맑은 날 수십키로 평야로 연결되는 평강쪽을 관측용 포대경으로 보면 거리가 멀어 성냥갑 같이 조그마하게 보이는 목탄기차가 연기를 뿜으면서 달려가는 모습은 정말 환상적이고 동화속 장면 같다. 쉽게 잡히는 장면이 아니라 우리는 북한 기차를 발견했다고 관측 보고를 한다.

  나의 한해 선배이신 임모 중위님이 쓴 '오성산'에 관한 시를 여기에 올린다.

북녘땅 오성산

중 위 임 창 래

중부전선 한가운데
덩그란히 솟아오른
산 봉우리 그이름 오성산
북녘땅 중앙에 우뚝솟아
물밑듯이 대성산을 지켜보고있네

그 언젠가 철의 삼각지대 치열한 전투속에서
남과 북의 수많은 용사들이 절규와 피네움을 뿌렸던곳…
지금은 평온한 철의 장막 지대속에서

한가로이 노루들의 고향이 돼었네

갈라진 삼팔선속 군사분계선만이
그 옛날의 흔적을 어루만져 지켜주고 있구나
1979년 7월 무덥던 여름날
홀연히 임관하여 부임한 중부전선 백골부대
긴장과 두려움 가득한 시간을
휴전선 철책과 기나긴 고투를 하였네

통일되는 그 날
이 땅에 다시 오리라
손모아 다짐하고
수 백번 부르짖었던
젊은 청년들의 고귀한 들판

끝.

추신 : 1979년 중부전선 백골사단에 부임후 휴전선 철책근무시
  북녘당 오성산을 바라보면서 기나긴 사투의 시간을
  통일되는 그 날 다시 이 들판의 땅을 찾아 오리라 다짐했던
  소위시절을 회상하면서 이 시를 보내 드립니다.

이산가족 이야기 3

　내 고등학교 한 친구의 아버님은 고향이 이북이셨고, 월남하셔서 "국군에 입대하여 6.25 때 한쪽 다리를 잃으신 상이용사이셨다"고 한다.
　부산서 결혼하여 친구와 누나, 여동생 등 1남2녀의 자식을 두셨는데 안타깝게 어머님과 이혼을 하셨다고 한다.
　친구는 어머님을 따라 서울로 가서 초등학교를 다니고 있었는데 아버님이 갑자기 사람을 보내 자기를 부산으로 데려와 버렸다고 한다. 어머님에게는 얘기도 하지않고, 친구는 그 뒤 장성해서야 어머님을 다시 만났다고 하며 누나와 자기는 새 엄마가 있는 집에 있기 싫어서 학생 때 거의 독서실에서 생활을 했다고 한다.
　이북에서 홀로 단신 월남하셔서 군입대, 6.25때 부상을 당하시고 이혼하시고 이런 모든 것 들이 민족분단이 원인이 아닌가 생각한다. 그 분단의 원인은 누가 제공했는가?
　힘 있는 나라를 만들어서 다시는 옛날과 같은 역사가 되풀이 되지 않도록 모두 노력해야 할 것이다.

전선교회에서 들려오는 성가

전에 언급했던 우리사단의 모 사단장님은 부임 오셔서 전방 철책지역 부근에 여러 가지 기념적인 시설들을 많이 건립하셨다.

우선 유리로 사방이 둘러싸인 백골OP 전망대 '관측소', 크리스마스나 연말연시에 불을 밝히는 '전선 십자탑', 철책근무 병사들을 1박 2일씩 쉬게 하기 위해서 만든 한탄강가의 '전선휴양지', 철책 바로 뒤쪽 갈대밭의 '전선교회' 등이 그것이다.

백골OP에는 주말에 서울에서 각계의 유명한 인사들을 초청해서 최전방 견학을 시켜주셨으며 그 덕분에 나는 당시 정관계의 국무총리 문화계의 구상 시인 등 많은 인사들을 거기서 보게 되었다. 그리고 전선교회는 철책 근무중인 병사와 간부등 기독교신자들이 예배를 볼 수 있도록 아름답게 만들어 놓았다.

하루는 차를 타고 전선교회 옆을 지나가는데 어느 유명한 여성 성가 가수가 부르는 음악이 감명스럽게 들려왔다. 아무도 없는 최전방 철책 부근의 갈대밭 속 하얀 교회에서 들려오는 그 음악 소리는 기독교 신자가 아닌 나 였지만 누구나 들어도 가던 길을 멈추고 따라 부르고 싶은 그런 성스러운 소리였다.

올해 KBS의 크리스마스 특집 방송에서도 그 음악을 듣게 되어서 감회가 새로웠다.

제대하고 나서도 사회에서 그 가수가 부른 성가를 여러 번 들어본 적이 있는데 정말 영혼의 안식처 같은 목소리라 할까?

감동적이었던 그 때의 기억을 지금도 잊지 않고 아름답게 가슴속에 간직하고 있다.

철책근무 병사와 소대장들의 노고

GOP 철책근무를 한다는 것이 힘들고 어렵다는 것은 누구나 다 알고 있는 사실이다. 그러나 특히 더 힘들 때가 가끔 있다. 자연재해 발생 때문에 우리 전방 병사들이 겪었던 어려움을 몇 가지 얘기 해 보겠다.

우선 눈이 많이 와서 철책 부근 도로가 막힐 경우 야간에 근무를 마치고 그 눈을 모두 제설작업을 해야 한다. 즉, 근무와 눈과의 싸움 이중의 노고라 병사들은 눈이 많이 오는 것을 제일 싫어한다. 요즘이야 어떤지 모르겠지만 그 때는 모두 수작업으로 제설을 했는데 내 생각으로는 이런 고생을 들어주려면 제설차량이 1대씩 필요하다.

그리고 내가 근무 할 때 전방에 비가 너무 많이 와서 OP앞 철책선이 산사태 때문에 비무장지대 쪽으로 쭉 밀려나가 버린 적이 있었다. 그래서 야간에 근무를 마친 병사들이 주간에도 밀려나간 자리에서 또 근무를 서야했다. 그 자리에는 철책이 없기 때문에 언제든지 침투할 수 있기 때문이다. 다시 보강작

업이 완료될 때까지 며칠간 그 근무형태를 유지해야 되다 보니 잠이 모자란 우리 병사들을 보니까 정말 안타까웠다. 대부분의 우리 장병들은 이런 수고와 고생을 하고 있으니 이제 더 이상 군을 사고뭉치 집단으로만 보지 말고 좋은 면도 많이 참고해서 민과 군이 상호 이해하는 관계가 되어야 할 것 같다.

관측팀들의 희노애락 1

 포병부대에서는 일 년에 한번씩 '단포술경연대회'라고 하는 최대 큰 행사가 있다. 군단 내 모든 포병대대들이 한곳에 집합하여 분야별 전술 측정 경연대회를 하는 것이다.
 여기서 종합1등 내지는 분야별 1개라도 1등을 하면 대대장의 고과 점수에 크게 반영되는 행사이므로 각 대대가 약 1달 동안 야외에서 장교, 부사관, 병사들이 힘을 합쳐 전력을 다한다.

81년 여름 나는 우리대대 관측팀들의 팀장을 맡아 장교 3명 병사 약 20 여명을 대동하고 그해 포술경연대회 훈련을 위해 문혜리 라고 하는 경연장에 진을 쳤다.

관측팀은 사실 진지에 있는 경우는 거의 없고 포차트럭 1대에 취사도구와 약 1주일분 부식을 싣고 군단내의 모든 산과 들로 관측 실전 연습을 하러다닌다.

그때 겪은 우리 관측팀들의 희노애락 사항은 한 달 동안 돌아다니면 장교든 병사든 얼굴은 모두 구릿빛에 세탁도 문제이지만 사실 식사 때 마땅한 거처가 없으므로 문제이다.

하루는 오전 관측훈련을 마치고 병사들의 더위도 식힐 겸 취사장소를 어느 냇가에 잡았다. 부족한 부식이지만 취사담당 병사들은 여름이라 들에 늘려있는 깻잎과 고추 등을 구해서 된장찌개 등 식사를 맛 있게 준비한다.

식당이 따로 없이 매일 노천이나 야산에서 식사를 해야 하므로 그날도 개울가에서 식사를 하게 되었다. 그런데 때가 여름방학 시즌이라 우리가 식사를 하고 있는데 마을의 꼬마들이 모두 몰려와서 우리 주위를 빙 둘러서 구경을 하는 것이다. 아~이거 동물원 구경하는 것도 아니고 웃음이 저절로 나왔다.

관측팀들의 희노애락 2

또 하루는 포천 어느 깊은 산골짜기로 훈련을 갔는데 점심시간이 다 되어 살펴보니 민가가 1채 보였다. 우리는 주인 아주머니께 협조를 구해서 채소 등을 좀 얻고 해서 거기서 취사를 하게 되었다. 사람 보기가 힘든 그 가족들이라 우리에게 아주 친절 했는데 얘기를 하다 보니 아주머니와 딸이 자기들은 기차를 아직 한 번도 본적이 없다고 했다.

도시로 한 번도 나가 본적이 없다는 뜻이죠. 그래서 우리 병사한명이 "그럼 비행기는 더 못 보았겠네요?"하니까 "비행기는 여기 하늘 위로도 가끔 날아가니 많이 보았습니다"라고 했다. 아마도 군용 비행기를 얘기 한거겠죠?

그 당시만 해도 그런 산골에 살면서 도시 구경을 한 번도 못하는 사람들이 있었다.

대통령과 병사의 대화

　지난 정권시절에 모 대통령이 전방부대에 위문을 가서 어떤 일등병 병사하고 대화하는 장면이 방송에 나왔다. 대통령이 병사에게 군대생활을 어떻게 하고 있느냐고 물었고 그 병사는 열심히 하고 있고 틈틈이 공부도 하고 있다고 얘기 했다. 아마도 대학을 다니다가 온 병사인 모양이었다.
　그런데 대통령이 청와대에 돌아가서 참모회의 때 "군대에서 무슨 공부를 하느냐? 군대가 그렇게 할 일이 없고 시간이 많으냐?"하고 꾸짖었다고 방송에 또 나왔다. "하하하" 나는 웃음이 나왔고 그 방송을 보고 정말 안타깝고 한심했다. 군을 몰라도 너무 모르는 언행이었으며 도대체 그 대답을 한 병사는 또 얼마나 미움을 받았을까 생각하니 애처로운 마음까지 들었다.
　군대가 24시간 훈련을 하는 것도 아니고 자유 시간을 쪼개서 그것도 일등병이 틈틈이 공부를 하는 병사였다면 정말 착실한 병사였을 거다. 나도 군대생활을 하면서 일본어를 독학으로 마스터했다. 하여튼 그 일이 있고나서 병사들에게 빈 시간이 없도록 훈련시간을 더 늘이는 등 병사들의 휴식시간을 보다 더 효율적으로 시행하는 일에 충실했다.

그런 상태에서 우리 병사들이 무슨 애국심이 생기고 군대생활을 자랑스럽게 생각 했겠는가? 그러나 "장병여러분!" 이제 섭섭하게 생각마시고 여러분을 대변해주는 사람도 있고 이번에 또 건군이래. 최초로 국군의 날에 전 장병에게 1박2일 휴가를 주는 여성 대통령도 있지 않습니까?" 솔직히 저의 개인적인 생각으로는 군대 갔다온 남자보다도 훨씬 군을 잘 이해하고 장병들의 사기가 얼마나 중요한가를 잘 아시는 분이라 생각합니다.

거수경례 하는 폼도 남자들 보다 훨씬 낫고 FM이다. 작은 부분이라도 그렇게 마음을 써 주는 사람이 어디 있습니까? 열심히 하십시오. 장병여러분!

지포리 항공대 귀환 사건

사단에 항공대라는 곳이 있는데 포병관측 장교 1명이 거기에 파견 나가 있다. 4개 대대에서 돌아가며 파견을 나가는데 81년 겨울 그 때는 우리대대에서 후배 장교가 나가있었다. 그 자리는 보직상 항공기 타는 것 외는 특별한 일도 없고 대대에서 멀리 떨어져 누구의 간섭도 받지 않는 제일 편한 자리이다.

그런데 마침 그 때 후배장교가 대대에서 새로운 보직을 맡게 되어 귀대를 하게 되었고 작전참모는 고참인 나를 항공대 파견을 보내기로 결정을 했다. 나는 이게 웬 떡이냐 싶어 다음날 모든 짐을 다 꾸려 항공대로 갔고 저녁에 숙소에 짐을 풀었다. 도착해보니 그렇게 좋을 수가 없고 철원군청이 있는 마을이라 음식점이고 술집이고 내가 있던 부대 인근의 마을과는 비교가 되지 않는 곳이었다.

그런데 다음날 아침 청천벽력 같은 명령이 떨어졌다. 천당에서 지옥으로 떨어진 기분이었다. 대대로 다시 복귀하라고요! 이거 웬일인가 싶어 알아보니 작전참모가 아침에 대대장에게

제 파견 사실을 보고하니 버럭 화를 내면서 "야! 오 중위가 우리대대에 전천후 해결사인데 너가 그 친구를 항공대로 보내면 어떻게 하냐? 임마!" "그리고 단장님이 또 찾으면 어떻게 하려고?"했다고 한다.

아이고~ 나는 "일을 너무 잘해도 신임을 너무 받아도 내한테는 도움이 안 되네" 생각하고 돌아왔다. 공부나 하고 군대생활을 좀 편하게 하려고 했는데 편하게 지낼 운은 없었던 건지, 군 생활 중 제일 아쉬운 부분 이었다.

GP, GOP에서 대대 본부로 귀환하는 기분

포병관측 장교들은 보통 GP나 GOP에서 약 3~4개월 정도 근무를 하고 후임 장교와 교대를 하게 되는데 그때 그 기분은 말로 표현할 수 없다. 몇 달 만에 전방으로부터 자유의 몸이되서 민간인도 볼 수 있고 술도 마실 수 있고 하여튼 모든 자유가 주어지는 기분이다.

근무하던 OP를 뒤로하고 높은 고지에서 부대로 가는 차를 타고 능선을 내려올 때 민가가 보이기 시작하면 무슨 하늘에서 천사가 인간세상으로 내려오는 기분으로 날개를 단 듯 둥~둥 뜬 기분이다.

그날 저녁은 오랜만에 보는 동기들과 진하게 한잔 하는데 나에게는 두주불사를 같이하는 기다리는 또 한 사람이 있었다. 사관학교 출신 한해 선배격인 이 중위라는 분 이었다.

이 선배님은 사실 우리 한해 선배님들과 동기 격인데 선배님들이 제대를 하고 나니 제가 유일한 술 파트너였다. 재미있는 사건도 많았었는데 그 날 저녁에 있었던 얘기를 하나 해야만 하겠다.

귀대 기념으로 그 선배님이 1차를 사고, 2차 3차까지 갔는데 내가 술이 좀 취해서 술집 아가씨에게 농담으로 "야~.내가 몇 달동안 사람 구경도 못하고 산에서 내려왔는데 오늘 뽀뽀 한번 하자"라고 했더니 이 중위님이랑 모두가 "하하하" 웃었다.

그런데 다음 날 이 중위님이 대대에서 간부들에게 내가 그런 얘기를 했다고 또 소문을 퍼뜨렸다. 하여튼 속세로 내려와 사람답게 사는 것이 제일 좋으리라. 대신에 그 때 부터는 힘든 보병훈련을 매주 따라 나가야한다.

후방근무와 전방근무

우리가 대학교 3, 4학년 때 장교 후보생이라는 교육을 받는데 여름방학 때는 후방 사단에서 1달 동안 강도 높은 군사훈련을 받는다. 그 때는 장교 계급장을 단 선배님이 하늘 같이 보였으며 막연히 군대생활을 그려 보기도하고 궁금하기도 했다.

하루는 후방사단 에서 교육을 받다가 구대장을 맡은 선배님과 이런저런 얘기를 나누다가 후방에서 근무하셔서 좋겠다고 했더니 선배님 말씀이 몸은 편하지만 전방에서 근무하는 것과 달리 아무런 보람이 없다는 것이다.

그때는 선배님 말씀이 그러려니 했는데 내가 전방부대에 근무를 하다 보니 정말 실감이 났다. 처음에 전방에 추첨으로 배정되었을 때는 참 운이 없다고 생각했고 막막한 생각이 들었다. 그러나 2년 동안 전방부대 생활을 하면서 힘들고 고생되는 일도 많았지만 거기 떨어진 게 천만다행이고 장교라도 아무나 쉽게 가볼 수 없는 민족의 분단지역에 근무하게 된 것이 하늘로 부터 선물을 받은 것이라 생각하게 했다.

끝없이 펼쳐진 푸른 비무장지대, 아름다운 강과 전설어린 산들! 동족상잔의 피어린 전투 전적지 등. 긴장되는 철책선 근무지만 보람된 생활 등. 만약 후방에 떨어 졌으면 이런 경험을 어떻게 했겠는가? 늘 가슴속에 간직되어있는 보람되고 아름다운 추억이다.

출신별 장교대우

　내가 근무할 때 우리 대대장과 또 동료 중위 한명은 단기사관 출신 이었다. 단기사관은 병사에서 시험을 쳐서 장교가 되는 것이다. 그 두 사람은 전술능력과 실력이 뛰어났고 만약 전쟁이 나면 누구보다 작전수행을 잘할 것으로 생각되었다. 그러나 출신의 한계성 때문에 군에서 크게 되지는 못하고 전역을 하게 된다.

　사실 생각해 보면 집안 환경 때문에 사관학교나 대학교를 가지 못해서 병으로 군대를 갔겠지만 병에서 얼마나 우수하고 똑똑했으면 시험을 쳐서 장교가 되었겠는가? 그래서 이 출신들도 통념적인 계급의 한계성을 벗어나 장군까지 진급할 수 있는 기회를 줘야한다고 생각한다.

　실제로 그 동료장교와 훈련을 나가보면 지형을 보고 좌표를 찍는 실력은 대학출신은 나와 또 다른 우리 동료장교 보다도 훨씬 우수했고, 그 정확도가 측정기계 만큼이나 정밀 했다. 또한 우리 대대장은 대대 ATT 대대시험 때 진지이동 등 포를 빨리 쏠 수 있는 기동성이 매우 중요한데 군단에서 1등을 할 만큼 그 부분에서는 타의 추종을 불허했다.

　이런 사람들을 대우해서 군에서 많이 확보를 해두어야 된다고 생각하며 그러면 우수한 병사와 부사관들이 희망을 가지고 장교시험에도 많이 응시 할 것이다. 실전에 강한 야전군인 들을 많이 키워야한다.

마음을 움직이는 동요

　내가 82년 대학생 전방교육 담당 구대장으로 나가있을때 애기이다. 전에도 언급했지만 그 교육은 전방 철책근무, 수십키로 행군 등 제법 어려운 훈련과정이 많이 포함되어 있었다. 훈련대대로 부터의 모든 이동은 걸어서 행군을 해야 했기 때문에 체력이나 건강에 문제가 있었던 학생들에게는 더구나 무척 힘든 과정이었다.

그런데 우리 구대에 성균관대 학생이던가 하여튼 심장이 안 좋은 학생이 한명 있었다. 그 학생은 정상인과 같은 속도로 행군을 할 수 없었으며 더구나 수십키로를 목표까지 간다는 것은 매우 어려운 지경이었다. 그러나 그 학생은 낙오하면 군사학 학점이 문제고 나는 구대장으로서 최선을 다해서 한명도 낙오 없이 철책이나 전략고지까지 왕복 완주를 시켜야 할 책임이 있었다.

걷다보면 그 당시 삼청교육대 교육생? 들이 강가에서 자갈을 줍는 모습도 보이고 하여튼 행군은 시작되었다. 그 학생은 아니나 다를까 동료들이 끌어주고 부축 해 줘도 보기가 안타깝게 대열에서 맨 뒤로 처지고 전체 학생들의 사기와 행군에도 문제가 되었다.

나는 이게 독려만해서 될 일이 아니라 생각하고 마음을 같이 움직여서 의욕을 고취할 수 있는 방법을 강구해야 될 것 같았다. 지겹고 힘든 행군을 즐겁고 힘이 솟아날 수 있게끔 하는 방법으로 동요를 시켜보는 게 좋을 것 같았다. 내가 몇 곡 제목을 지정해 주고 행군하면서 합창을 시켰다. 그런데 그 효과가 엄청났다.

모든 학생들이 즐거워하며 마치 소풍을 가는 듯이 논길과 둑길을 걸어 갔으며 문제가 있었던 학생도 엔돌핀이 솟아난 듯 어렵지만 힘내서 끝까지 고지까지 완주했다.

어떤 동기를 부여해 주느냐가 중요하다는 것을 느꼈다. 모든 훈련을 마친 금요일 저녁에는 전체 회식시간이 있는데 그 때는 학생들이 평소에 학교생활 할 때의 춤과 노래 등 모든 오락 장기를 다 쏟아 놓는데 나에게도 노래를 시켜서 한번은 구창모의 '어쩌다 마주친 그대'를 불렀더니 식당 내부가 온통 춤 판이었다. 아마도 이런 것 때문에 학생들이 돌아가서 우리 사단장에게 표창을 내려주기를 바란다는 단체 편지를 쓴 것 같았다. 지금 연락이 되면 다시 만나도 즐거울 것 같다. 아름다운 추억의 동생 같은 친구들!

기독교사단장 불교사단장

전에 내가 얘기에 썼던 박 모 사단장님은 종교가 기독교였다. 그 분은 80년 여름 서울로 가셨는데 우리사단을 너무 사랑해서 다음해 사단 창립기념일 날 직접 행사에 참석을 하셨다. 행사를 마치고 본인이 직접 건립하신 내가 근무하고 있던 백골 OP를 둘러보러 오셨다.

그런데 그때 사단의 모 참모께서 나를 찾는 전화가 와서 받아보니 "10분 후면 박 사령관 님이 도착하니 타이밍을 맞춰서 음악을 성가로 틀어라"고 했다. 우리 OP에서 조금 떨어진 고지에 전선십자탑이라는 것이 있었는데 대북 선전용으로 성탄절이나 연말에 불을 밝히고 음악을 트는 장치가 있었다.

나는 사령관의 차가 OP 아래 주차장에 도착하는 것을 보고 바로 성가를 틀었다. 은은하게 음악은 울려 퍼졌고 올라오신 사령관 님은 오성산과 북한지역을 관찰하고 계셨다. 그런데 갑자기 사단의 또 다른 참모로부터 긴급 전화가 왔다기에 받아보니 "야! 관측장교! 현재 우리 사단장님이 5분 후면 거기 도착하시는데 사단장 님은 불교신자 이신데 지금 성가를 틀고 있으면 어떻게 하냐? 당장 꺼!" 했다.

나는 현직 사단장의 부하이니 바로 껐다. 하~ 하~ 하~ 재미있는 이야기.

땀에 저린 런닝셔츠

앞에서 얘기했듯이 군단포술경연대회 준비기간에 약 1달 동안 우리 관측 팀들은 휴식도 없이 산과 들로 훈련을 다니는데 이발, 면도, 세탁 등이 어려워 거의 산적같이 보일 때가 많았다.

그래서 나는 한번은 주말을 맞이하여 진지로 정비차 돌아와서 다시 사단사령부 입구에 있는 복지센터 삼성회관으로 갔다. 거기는 매장, 숙박시설, 이용소 등이 있었다. 이용소는 주로 연대장과 상급 분들이 이용하는 곳인데 나는 머리가 너무 길고 시간도 없고 해서 바로 그 이용소로 들어갔다. 그런데 이발을 하려고 군복 상의를 벗으니 런닝셔츠가 땀에 저려 거의 황토빛 갈색으로 물들어 있었다.

나는 서빙 하던 도우미 아가씨에게 민망해서 "아~이거 미안합니다. 훈련을 하다 보니 옷이 땀에 저려 이렇습니다" 라고 했더니 아가씨가 "장교님. 괜찮습니다. 다른 것 때문에 그렇게 된 것도 아니고 오랫동안 야외훈련을 하신 모양인데 저는 괜찮으니 미안해 하실 필요 없습니다. 이런 게 군인으로써 자랑스러운 것이 아닌가요?" 라고 했다.

사실은 초급 장교가 들어갈 수 있는 곳도 아니었는데 아무런 제제도 없이 서빙을 해 주었다. 사실은 그 때는 제가 키도 크고 지금보다는 훨씬 외모가 좀 멋졌었는데 그런게 좀 작용한 걸까요? 하여튼 감사했고 열심히 한 땀의 댓가는 사람들로 부터 대우를 받는다는 사실, 그 일에 미소를 머금고 잊지 않고 있다.

선배 사단 보안대장님

내가 백골OP에 근무할 때 사단 보안대장이 K대 출신 선배 분이었다. 사단장님이나 VIP들이 OP를 방문할 때마다 늘 동행해 오시기 때문에 자주 인사도 하고 뵈었지만 중위 계급장을 달고 사단 보안대장과 대화를 나눈다는 것은 상상도 못할 일이었다.

그런데 어느 날, 그 날도 VIP들이 OP를 방문하였고 보안대장도 오셨다. 행사가 끝나고 여러 사단 장교들이 남아서 담소를 나누고 있었는데 그 분이 갑자기 나를 부르시더니만 "오 중위, 자네 XX 출신이지?"하시면서 "누가 그러던가. 자네 잘 한다고 그러더라. 그래 열심히 해"하셨다.

아마도 포단장님이나 연대장님이 그렇게 말씀하신 것으로 추측되었다. 그런데 대장님이 가시고 나서 어떤 사단 참모 한분이 나에게 "야 오대위! 너 장기신청해라!"라고 농담을 했다.

22연대장님과 군수참모

저번에 얘기했던 22연대장님은 동작동 국립묘지에 잠들어 계신데 순직하신 그 해부터 매년 현충일 때 나는 장군묘역의 연대장님 묘지에 참배하러 가게 되었다. 어떤 날은 내가 전방에 근무할 때 뵈었던 사모님과 가족들도 매 번 만날 수 있었다.

그런데 하루는 내가 참배를 마치고 그늘 아래에 쉬고 있는데 어떤 부부 두 사람이 엄숙히 참배를 하는 모습이 눈에 들어왔다. 그런데 남자 분은 어디서 많이 본 사람 같았고 가지고 온 꽃리본에 적혀있는 이름도 분명히 기억 속에 어디선가 보았던 이름이었다.

그 날은 가족들은 먼저 자리를 떠난 후라 나중에 내가 사모님께 물어 보았더니 옛날 81년경 연대장님 밑에서 군수참모를 했던 분이라고 얘기해 주셨다. 맞았다. 내가 그때 연대연락 장교로 파견 나가 있을 때 군수참모를 하신 분이었다.

그 분은 그때 체육부대에 근무를 하고 있었는데 해마다 참배를 오신다고 했다. 그로부터 수년이 지난 어느 날 사모님께 그 군수참모님에 대해들은 얘기로는 전방 연대참모 임기를 마치고 체육부대로 가기로 하고 연대장께 이임 신고를 하던 날 연대장님이 체육부대장을 본인이 잘 아시는 분이니 가면 자기 밑에서 근무를 하다가 왔다고 말 하라고 했다는 것이다.

그 참모님은 가서 신고를 할 때 그 말을 전했고 체육부대장은 아주 반가워하면서 연대장 소개로 왔다면 전폭적으로 믿겠다고 하셨다는 것이다. 사실 그 참모님은 향후 진급도 불투명한 상황이었는데 체육부대로 가서 인생 대박이 터지게 된 것이다.

그 부대장이 나중에 국가의 큰 임무를 맡는 중요한 자리로 가게 되었는데 그 참모님을 대동하고 가서 또한 중요한 요직에 배치를 하였다고 한다. 평소에 엄격하셨던 연대장님 이셨지만 이렇게 한 사람 인생의 전환점을 만들어준 큰 덕을 베푸신 것이다. 감사합니다. 성윤영 장군님!

부사관들의 역할과 노고

우리가 근무했던 80년대에 부사관들의 대우는 매우 열악하여 정말 고생이 많았다. 그러나 그 분들의 역할은 매우 지대하고 중요하여 만약에 실전상황이 벌어지면 그 사람들이 없으면 안 될 것 같다는 생각을 많이 했다.

박봉에 시달리고 집 이래야 난방과 취사는 화목을 때서 하는 전방 마을의 촌집에 자식들의 교육문제는 생각할 여유도 없는 상황이었지만 장교와 병사들의 가교역할을 하면서 나이가 어린 저희 초급 장교들에게도 깍듯이 대해 주는 정말 고마운 사람들이었다.

실제로 각종 훈련에 같이 나가 보면 측정능력이 우리들 보다 훨씬 우수하였으며 사실 부대배치 초기에는 우리들도 모두 그 분들에게서 배워서 일을 익힌다 해도 과언이 아니다.

제대 후 약 30년 만에 내가 근무했던 전방 포병대대로 방문을 해서 그 때 같이 고생했던 부사관들을 한번 찾아 봤는데 마침 그 당시 최 중사라는 분이 그 부근에 살고 있어서 만날 수 있었다. 여러 사람들의 소식을 들을 수 있었고 세월이 많이 흘러서인지 고생을 많이 해서인지 그 분도 젊을 때의 미남 얼굴은 없어져 버렸다. "보좌관님, 보좌관님" 하면서 온갖 지원을 아끼지 않고 도와주셨던 그 분들이 새삼 그립고 고맙게 느껴진다. 다행히 요즘은 그 분들의 처우도 많이 개선된 줄로 알고 있고 그런 것은 국가에서 잘 하는 일이라 생각한다. 이각휘 상사님 감사합니다!

오세근 중위 올림.

백골 비빔밥

내가 근무했던 관측소에는 병사들이 6명이 있었는데 식당이 별도로 없어 식사 때마다 수십 미터 계곡 아래에 있는 보병소대에서 배급을 받아 와서 나와 함께 했다.

밥 담는 용기, 반찬 담는 용기, 국 받는 용기를 가지고 2명이서 배급을 받아 오는데 문제는 겨울인 것이다. 영하 25도까지 내려가는 기온에 배급을 받아 올라 오면 모든 것이 다 얼어버리고 만다. 방법이 따로 없으므로 병사들은 그 전체를 모두 커다란 용기에 넣어서 난로 위에 얹어 놓고 비빔밥을 만드는 것이 상례가 된다.

방법이야 좀 그렇지만 사실 맛은 아주 좋고 그래서 우리는 그 겨울 식사를 '백골 비빔밥'이라고 불렀다. 그런데 하루는 소대장 류 중위가 관측소로 놀러 와서 우리가 식사하는 것을 보고 놀린다고 "야! 너거들 꿀꿀이 죽 먹고 있네!?" 했다. 나는 "아이고 이거 포병관측장교 된 죄로 보병 소대장에게 놀림당하고 있네."라고 생각했다. 그러나 보병 훈련 나가면 자기들은 대대장하고 말도 못 붙이는데 우리는 찝차타고 같이 다닌다.

사관학교 출신 소대장들과의 인연

포병장교 생활을 하면서 3~4명의 사관학교 출신 동료들과 우정을 쌓았다.

1. 한명은 충청도출신, 아주 마음씨 좋게 생긴 김 중위인데 그 친구는 우리 관측소 부근 철책소대장을 했다. 경사가 심한 능선을 오르 내리다 보니 그만 무릎관절을 다쳐 전방생활을 못하고 아쉽게 일찍 전역을 했다.

   전방소대장님들 특히 계단을 내려갈 때 충격을 주지 않도록 조심하세요!

2. 두 번째는 GP생활을 같이한 정 중위인데 같은 고향이다 보니 우리 고등학교 출신 중에 사관학교로 간 친구들과도 동기였다. 좁은 GP방카 숙소에서 병사들을 제외하고 유일하게 대화의 상대는 자기하고 나 뿐이었으므로 생도시절의 애인얘기 등 많은 얘기를 나누었다. 얼마 전 몇 십년 만에 통화해 보니 그때 애인이 현재 자기 와이프가 맞다고 했다.

3. 세 번째는 전주가 고향인 이 중위라는 친구인데 내가 연대연락 장교로 나가 있을 때 자기는 연대교육 장교를 하고 있었고 너무 친하고 서로 배울게 많아 BOQ방을 같이 썼다. 그 당시 중위들도 모두 결혼 적령기라 그 친구도 전주아가씨 얘기를 많이 했다. 연대 작계를 영어로 번역할 때 같이 열심히 했던 기억도 난다.

4. 네 번째는 우리가 근무할 때 사단장 전속부관을 한 유 중위라는 친구인데 겨울에 보병훈련을 지원 나가서 훈련을 하고 있으면 사단장이 격려차 왔다. 그때 수행을 하고 와서 훈시가 끝나고 나면 사단장 금일봉을 대대장에게 전달해주곤 했다.

몇 년 전에 KBS방송 골든 벨을 울려라 하는 프로그램을 보고 있었는데 그때 최초로 군에서 프로그램을 실시하는 게 방영되었다. 그 부대가 3사단 백골부대였다. 결론은 여자 중위분이 나중에 골든 벨을 울렸는데 도열해있는 장교들 중에 보니 사단장이 많이 본 얼굴이었고 소개하는데 보니 바로 유 중위였다.

나는 얼마 후 사단으로 바로 전화를 해서 30여년 만에 만날 약속을 했고 동기 몇 명들과 1박 2일로 사단사령부를 다녀왔다. 오랜만에 공관에서 식사도 하고 전방구경도 다시 했다. 한탄강 북단 전선훈양지와 금강산 가던 철길도 둘러보았다. 백골 3사단! 이다.

　유 중위는 우리 사단에서 소대장 생활을 했고 또 사단장이 되어 우리 사단에서 근무를 했던 것이다. 전방임기를 마치고 서울로 와서 생활 할 때는 종종 만나 회포를 풀었고, 그 친구의 휴대폰 시그널은 항상 '백골사단가'이다. 우리 선배 장교님이 작사 작곡한 사단가를 소개하면 "돌격명령 내리면 비호와 같이 적을 쳐 무찌르는 조국의 방패. 백골 혼 이어받아 죽음을 겁내지 않고 조국통일 선봉에서 싸워 이겼다! 우리는 백골이 되어도 싸워서 이기는 조국의 정예란다. 우리 3 사단!" 6.25전 채명신 장군으로 부터 이어져 내려온 백골사단이다.

한탄강의 수영

군단포술경연대회를 위한 훈련기간은 제일 무더운 7~ 8월이기 때문에 더위와의 싸움이라 해도 과언이 아니다. 실제로 관측, 전포, 측지, 통신 등 모든 파트의 병사들은 중간에 보면 흡사 아프리카 흑인들 같이 피부가 햇볕에 진한 구릿빛으로 물들어 있다.

우리 관측팀들도 장교 사병 할 것 없이 모두 마찬가지인데 어디 목욕도 할 수 없으니 한 번씩 수영은 시켜줘야 한다. 하루는 한탄강 가까이서 훈련을 했는데 그 날도 날씨가 말할 수 없이 더워 훈련을 마치고 모두 고석정 근처에서 수영을 하도록 자유 시간을 줬다.

우리도 나중에 합류하여 같이 하였는데 지금 생각하면 그 아름다운 고석정 아래에서 수영을 한 것이 평생 다시 할 수 없는 아름다운 추억이었다.

물론 지금은 수영 불가 구역이지만 임꺽정이 꺽지가 되어서 살았다는 한탄강 고석정, 고마웠다.

한탄강 준치로 끓인 매운탕 맛은 지금도 잊을 수 없고 수 십 리 길로 이어진 그 강은 우리나라에서 유일한 용암의 침식작용에 의한 평야보다 몇 십미터 낮게 흐르는 '한국의 콜로라도 강'으로 불릴 만큼 아름다운 곳이다.

남부지방의 국민들은 가 보기가 어려운 곳인데 산정호수 일대와 함께 꼭 한번 가 보셔서 감동을 한번 느껴보시기 바란다. 경인일보 기자가 쓰신 '한탄강'이라는 책은 그 강의 모든 것을 보여주고 있다.

다리를 저는 부사단장님

어느 날 사단에 1스타 부사단장이 새로 부임해 오셔서 각 부대 장교들을 사단에 불러 모아 취임식 겸 훈시를 하셨다. 그런데 나중에 보니 한쪽 다리를 절으시며 걸었다. 그 뒤 들은 얘기로는 그 분은 월남전에 참전하셨다가 부상을 당하셨고, 고 강재구 소령과 사관학교 동기였다고 했다. 마산이 고향이고 아주 무뚝뚝하고 엄격해 보이신 분이었다. 무슨 이유가 있으리라 생각될 만큼 전쟁에 참가하신 분이라서?

제4장

인연(人緣) – 군인도 민간인이 된다.

학사1기 장교들과의 인연

　우리가 제대하기 전 81년 겨울 학사1기 장교 3명이 우리부대로 배치 받아 왔다. 그 친구들은 학교를 따지면 77학번으로 우리보다 한해 후배 장교들과 동기였다.

　대학 4년을 졸업하고 시험을 쳐서 6개월간 장교훈련을 받고 임관해서 전방으로 온 것이다.

　후배 장교들 보다 약 6개월 늦게 배치되어 왔는데 그 친구들은 선배들이 없었으므로 우리가 정성을 다해서 환영 해 주었다.

　전입온 첫날 저녁, 우리는 장교숙소 BOQ에서 축하연을 베풀었다. 술이 빠질 수 없으니 우리, 후배들, 학사1기들이 함께 기분 좋게 마음껏 마셨다. 그 중 1명은 우리 후배장교와 같은 학교 같은 과 출신이었다. 주말이라 안심하고 새벽같이 마시고 잠깐 잠자리에 들었는데 얘기치 못한 비상이 걸린 것이다. 아이고 이거 사단에서 우리 술 마신 것을 보고 비상을 걸었는지 보병 전 부대가 눈 내린 새벽에 높은 고지에 있는 대대 OP를 점령해야 했다.

나는 전에 얘기한 호랑이 보병3대대장 OP로 관측 병사들과 올라가야 했다. 영하 30도에 능선에서 미끄러져 몇 차례나 주르륵 밀려 내려오고 술은 취해 있고 하여튼 기억하기도 싫은 최악의 상황이었다.

그 때를 생각하면 술의 냄새도 안 맡아야 되는데 큰 일이었다. 우여곡절 끝에 OP 벙커에 도착을 했고, 3대대장께 보고를 해야 하는데 이거 가까이 갈 수가 없는 상태였다. 대대장이 눈치 채고 나를 보시더니만 "오 중위 이놈 술 많이 마셨지?" 하시면서 난로 옆에 앉으라는 말을 하셨다. 좌불안석이었다. 평소에 나를 좀 유심히 보아 오셨기 때문에 봐 주신거지 안 그랬으면 그 대대장님 특기인 까만 장갑에 한방 먹을 수 밖에 없었을 거다.

'학사 1기 장교님들!' 그 때 환영회 때문에 엄청나게 고생했소이다. 지금은 군이나 사회에서 모두 잘 되어 계시겠지만 그 때는 우리가 정말 동지애를 가지고 형이나 동생같이 지냈었죠? 기억 나십니까? "감사합니다."

※ 3대대장님께 진 빚은 내가 승진훈련장에서 멋지게 갚아드렸다. 대대장님의 사격명령을 거절하면서 중대한 위기를 면한 사건!

승진훈련장의 항명사건

　전에 언급했던 승진훈련은 최근에도 매스컴에 나왔던 것 처럼 우리나라 최대의 보. 포.기 항공합동훈련이다. 보병은 대개 1개 사단에서 1개 대대가 선택되어 참가하게 되고 포병이 지원을 따라 나간다.
　그런데 그 훈련은 보병부대 같은 경우는 실 병력이 배치되어 각종 사격이 이루어지는 가운데 움직이기 때문에 상당히 위험하고 안전이 요구되는 상황이다.
　실제로 우리 앞에 훈련한 모 사단 부대에서는 폭발물로 인한 인사사고도 있었다. 내가 3대대장님과 훈련할 때도 포대에 문제가 있어 포탄이 정시에 뜨지 않는 문제가 있었다. 전에 얘기했듯이 조치가 되고 난 뒤 사격임무를 내리려고 하니 우리 보병들이 목표지점에 너무 근접해있어 그 지점에 할 수 가없었다. 그런데 대대장께서는 타임스케줄 대로 그 쪽으로 계속 사격지시를 나에게 내렸으나 나는 끝까지 불가하다고 명령을 거절하였고 결국 다른 안전한 쪽으로 하게 되었다.

대대장은 그 순간에는 화가 많이 났지만 훈련이 아무런 사고 없이 다 끝나고 난 뒤에는 다행이라고 생각했는지 아주 기분이 좋아져서 나에게 농담도 했다. 짧은 순간이었지만 대대의 훈련 점수를 위해 쏴야 하나 말아야 하느냐의 중요한 선택이 기로였고 할 수 있는 항명이었다.

※ 하여튼 승진훈련장은 저에게 여러 번 기회가 있었던 추억 어린 곳이다. 최근에는 어떤 모임에서 잘 아시는 분이 자기도 70년대 중반에 그 훈련장에 갔었다고 한다. 즉. 인근부대 헌병대에 근무를 했었는데 박정희 대통령께서 훈련을 참관하러 오셨고 자기는 단상 VIP석 바로 뒤에서 부동자세로 대통령 경호를 담당했었다고 한다.

약 40년 후에 현직 대통령도 그 자리에서 훈련을 참관하셨다. 아름다운 곳이고 늘 그리운 곳이다.

화순 동북유격장의 추억

　임관후 소위로 광주에서 포병학교 훈련을 받을 때, 그때까지 선배 포병들은 약 4개월의 교육기간 동안 '포병수학' 공부에만 전념하여 유격훈련은 받지를 않았다.
　그런데 우리가 교육받던 80년도에 포병학교장이 보병 사단장 출신이라 포병들도 유격을 받아야 한다고 지시하여 교육프로그램에 1주일 동안의 유격훈련이 있었다.
　그 곳은 광주상무대- 광주호가 있는 울림동 - 무등산능선-화순적벽강 등을 거쳐 도착하게 되는 약 50-60키로 정도의 거리이다. 완전 군장에 밤 12시에 출발하여 다음날 오후 5시경 도착했으니 17시간 동안 행군하여 도착한 것이다.
　보병들은 4주 동안 훈련을 받고 우리는 1주일 이지만 늘 야외훈련을 하는 그 친구들에 비하면 우리는 훨씬 어려운 과정이다. 하여튼 도착해 보니 천혜의 요새에 자리 잡은 웅장하고 산과 계곡, 강이 어우러진 아름다운 곳이었다.
　그 곳이 군사시설이 아니고 관광지로 개발이 되었다면 아마

남쪽에서도 최고의 명승이 탄생되었을 것이다.

하여튼 거기서 받는 훈련은 그 동안 몇 번 받았던 다른 일반 부대에서의 유격훈련과는 차원이 다른 고난도의 훈련이었다. 예를 들면 건물 4층 높이의 11미터의 난간에서 강물 속으로 수직낙하 하는 훈련, 약 100미터 높이의 산봉우리에서 두 손으로 도르래를 잡고 내려오다가 역시 강물에 투하하는 도하훈련, 인수봉같이 높은 거대한 바위를 타고 내려오는 암벽레펠 훈련 등, 그동안 한 번도 받아보지 못한 장교전용 유격훈련이었다.

또한 기합을 받을 때는 개천물 속으로 낮은 포복이라는 자세로 1시간 동안 고초를 겪는 등 장교훈련 중 제일 난코스였다. 그 때 제일 기억나는 즐거움은 1주일 동안 2번인가 저녁에 광주에서 직접 배달되어온 김이 무럭무럭 나는 통닭을 1인당 1마리씩 먹는 것이었다.

금요일 오후 모든 훈련을 마치고 나면 뿌듯한 기분이 들었다. 강가에 앉아 유격장을 둘러보면 어떻게 이렇게 힘든 훈련을 마쳤나 하는 생각도 들었는데 그 기분도 잠깐 그 다음날 귀대 할 때는 또 다시 50여 키로를 걸어서 돌아와야 했다.

처음 올 때 보다 훨씬 더 어려운 행군이었다. 수십 키로를 열

몇 시간을 걷고 나면 우리는 기진맥진하는데, 4주 동안 교육받았던 보병동기들은 한 치의 흐트러짐도 없이 대오를 맞춰 우리 옆을 쏜살같이 지나갔다.

부럽기도 하고 같은 장교로써 부끄럽기도 했다.

물론 그 친구들은 걷고 뛰는 것이 주특기이고 우리는 차를 타고 기동성 있게 포를 쏘는 것이 임무이긴 하지만, 하여튼 특이한 포병학교장 때문에 아름다운 고생과 추억을 경험했다.

제대가 늦어진 동기

우리가 제대하던 82년 6월30일. 우리는 전날 사단장 신고에 이어 당일에는 대대장 신고를 마치고 2년간의 모든 희노애락의 군 생활을 뒤로하고 대대 정문 앞에서 서울로 갈 버스를 기다리고 있었다.

그런데 어떤 보병동기 1명이 오더니만 자기는 제대를 할 수 없으니 먼저 사회에 잘 나가라고 울면서 우리에게 얘기했다. 이유인즉, 자기는 자기 대대장의 권유로 장기복무를 신청했다는 것이다. 우리도 그 모습이 보기가 안타까워 군 생활 잘 하라고 위로를 해 주었고 한편으로는 미안한 마음도 들었다.

그로부터 약 10년이 흐른 어느 날 현대백화점 앞 도로에서 나는 장기를 했던 그 친구를 우연히 만났다. 외모가 민간인이라 나는 놀라서 "야! 이 중위 정말 오랜만이네. 그런데 너 장기 했잖아? 그런데 왜 민간인이 되어있어?"라고 물었다. 그랬더니 그 친구가 "야 오 중위. 나 말이야 그때 국방부에 신청했는데 그런데 그게 늦게 접수가 되어 취소되어 버렸어. 그래서 너거들 보다 한 3일 정도 늦게 제대해서 나왔어!"하며 웃으면서 얘기했다. 나는 속으로 "야~ 이거 무슨 코미디 같은 이야기네? 국방부가 다 잡은 물고기를 다 놓아주고?" 라고 생각했다.

고된 행군과 겨울 동상

아들을 군에 보낸 어머님들께. 전에 언급했던 동복유격장 갈 때의 약 50~60키로 되는 거리의 행군은 정말 어려운 과정이었다. 그러나 나 같은 경우는 대비를 잘 해서 다행이었는데 행군을 하기전 어느 선배님께서 나에게 비결을 가르쳐 주었다. 즉, 행군하다가 1시간 마다 10분 휴식을 할 때 무조건 군화를 벗고 발에다 안티프라민을 발라서 마사지를 해 주라는 것이다.

그리고 가능하면 양말은 두꺼운 걸로 신어서 뒤꿈치나 발톱이 상하는 일이 없도록 할 것 등이다. 나는 번거로웠지만 휴식할 때 마다 철두철미하게 그 비결을 지켰고 남보다 아주 좋은 상태로 유격장에 도착 했다.

그리고 전방 근무시 동상에 걸렸을 때 치유 비책의 1가지를 말씀드릴까 한다. 내가 백골OP에 근무할 때 발에 심하게 동상이 걸려 약 한달 간 고생을 했다. 눈밭에 나갔다가 방카로 들어와서는 발이 차가워 바로 뜨거운 물에 발을 담갔는데 그날 밤부터 바로 심하게 동상이 걸려 발바닥이 정말 얼음상태로 변해

버렸다.

겨울에 얼어버린 무우를 상상하시면 될 것이다. 절대 갑작스레 뜨거운 것은 금물이다. 하여튼 가렵고 통증이 심해 걸음 한 발짝 한 발짝 띄기가 고통스러웠고 특히 야간에 화장실 가는 길은 10미터가 10키로 같이 느껴질 정도였다. 그냥 대책 없이 온수에 발을 담그고 낫기만 바라고 있었는데 어느 날 하루는 공병부대 고참 부사관 1명이 시설작업을 하러왔다가 나의 상태를 보더니만 치료법을 가르쳐 주었다.

나는 지금도 그 사람을 하늘이 보내준 나의 은인이라 생각한다.

1. 절대 온수에 발을 담그지 말고 얼음같이 차가운 물에 발을 담가서 30분 이상 있을 것(그러면 발에서 열이나서 혈액순환이 되는 것이 느껴짐). 2. 그 다음 무우 삶은 물에 발을 담그고 있을 것(아마도 부드러운 상태를 유지시키기고 독성을 제거하기 위한 모양). 3. 그 다음에 군대에서 나오는 동상용 연고를 발에 발라서 계속 마사지를 해줄 것 등 이다.

그렇게 하고나니 그렇게 고통스러웠던 동상이 약 1주일 만에 다 나아 버렸고, 신기할 정도로 원상회복이 되었다. 그러나 방심 않고 양호한 상태를 유지를 하기위해 약 한달 동안 계속 그

처방대로 실시하였고 나중에는 완쾌되었다는 자신감이 붙었다.
아들 군에 보낸 어머님들 참고하세요.

아름다운 여인, 아름다운 인연

　어제는 오랜만에 저희 회사 선배님과 가끔 들리는 해운대에 있는 라이브 양주 바에 들렀다. 그 집 주인은 S.W.김이라는 여성분인데 얼굴도 예쁘고 옛날에 가수 선발대회에서 부산과 전국대회에서 1등을 하셨다는 분이다. 그런데 어제는 선배님과 같이 가는 바람에 자연스럽게 군대 얘기가 나왔고 우리 백골 3사단 얘기도 했었다.

　우리 사단사령부가 신수리라는 곳에 있는데, 얘기 중에 MRs.Kim이 자기도 백골사단도 알고 신수리를 안다는 것이다. 아~이거 순간적으로 무슨 얘긴가 싶어 물어봤더니 자기가 19

살 가수 초기시절, 당시 우리 사단장이셨던 박SJ 장군의 초청으로 위문 차 자주 다녀 갔다는 것이다. 그리고 전방 철책선 OP도 구경을 다녀 왔다고!

그 시절에 우리 사단 전방OP라면 내가 근무했던 백골OP일 수밖에 없고 시기도 내가 근무했던 시기 였다. "30 여 년 전에 당신이 거기로 오셨고 아마도 나를 보았을지도 모르겠습니다. 아름다운 인연 영원히 간직하겠습니다." "감사합니다."

또 하나의 인연

내가 사회에서 아주 친하게 지내는 변호사 사무실의 사무장 한분이 계신다. 이분과 약 7~8년 전에 어떤 구이집에 맥주를 한잔하러 갔었다. 치킨 집이었는데 아주 멋진 중년여성 두 분이 가게를 운영하고 있었다. 따라서 그 집에 자주 가게 되었는데 자연스럽게 대화를 자주 나누게 되다보니 하루는 고향 얘기를 하는데 한분이 자기는 초등학교 시절에 와수초등학교를 다녔다고 했다. 와수리라고 하는 곳은 당시 우리 사단이 있는 철원 김화지역에 있는 마을이고 음식점, 카페, 서울행 터미널, 여관 등이 소재한 당시 유일하게 목욕탕이 있던 곳이라 장병들이 많이 이용하는 곳이다.

나는 제대하고 민간인 중에 철원 김화에 살았던 사람을 한사람도 만나 본적이 없었고 더구나 최 전방의 와수리라는 마을을 아는 사람을 만난다는 것은 인연상, 확률상 있을 수 없는 일이었다. 그래서 나는 어떻게 거기에 살게 되었느냐고 물어보았고 그분은 자기 아버님이 군 생활을 거기서 하셨고 제대 후 와수리농협에서 근무를 하게 되어 5학년 때까지 거기서 살았다고 했다.

또 그 때 기억나는 일 중에는 전방 철책에서 들려오는 북한의 머리가 삐 삐 솟게 하는 대남방송과 삐라 줍는 일 등이라는 얘기도 했다. 시기로 따진다면 아마 67년도 정도일거다. 실제로 우리가 근무했던 80년대에도 대남방송이 심했고 삐라 같은 것은 앞 면에는 자기들 수령사진, 뒷 면에는 외국여자 배우 나체사진을 실어 놨다. 우리 병사들이 주워서 가지고 다니도록 하기위해서!

  그 분은 지금은 색소폰을 잘 부르는데 매주 동호회 회원들과 함께 산책 나온 분들을 위하여 연주를 아주 멋지게 하고 있다. 저도 운동 겸 산책을 나갔다가 들르면 내가 좋아하는 박춘석―문주란 씨의 '파란낙엽'을 고맙게도 연주를 해준다. N.S씨 고맙습니다. 나의 제2의 고향 김화 와수리를 아시는 분!

산토끼와 바꾼 통닭

  우리 OP 주위에는 야생 동물들이 많았다. 산토끼 등은 기본이고 철원 평야에서 날아온 커다란 독수리, 비무장지대 연못에서 한가로이 새끼들과 함께 물을 마시고 있는 사향노루 등 우리는 긴장되지만 동물들은 평화로운 자연 속에서 지내고 있다.

  그런데 겨울이 되면 우리 병사들은 올미를 만들어 눈밭에서 가끔 산토끼 사냥을 해온다. 우리는 요리시설도 없고 해서 별로 필요 없었지만 대대 본부에 있던 보급담당 부사관은 그것을 보고 탐을 내서 우리 병사들이 그냥 주기도 했다. 그런데 그 분은 고맙다고 대대에서 부식을 가지고 올라올 때 와수리 통닭집에 들러서 따끈한 통마리 치킨을 우리에게 선물했다.

아~그때는 민간인 음식을 먹어 본지도 몇 달이나 되었고 겨울에 식사도 얼어버린 국과 밥을 섞어서 비빔밥으로 먹던 시절이라 김이 무럭무럭 나는 그 통닭을 먹는 맛은 뭐라 말로 표현할 수가 없다.

그 당시에는 전방에 견학오는 손님들 중에는 고맙게도 고생한다면서 금일봉을 관측 장교에게 전해주고 가시는 분들도 드러 있었다. 나는 부식담당 부사관에게 부탁해서 그 돈으로 병사들에게 통닭회식을 가끔 시켜줬다. 지금 생각하면 그런 관심을 보여주신 분들께 고마운 마음을 금할 수가 없다.

80년대 우리 OP를 방문하셨던 분들 모두 감사합니다.

백골OP 관측장교 오세근 올림.

지휘관의 스타일

'지장, 용장, 덕장' 나는 부대가 FEBA에 있을 때 보병훈련과 화력지원 장교로써 엄청나게 많이 나갔었다. 포병대대에 관측장교가 부족한 경우가 많아 1명이 보병 1개 대대만 전담을 해야 하는데 나 같은 경우는 1.2.3 대대를 모두 전담을 했고 대대 종합훈련, ATT, 연대연락장교로 있을 때는 RCT등 보병지원훈련 이라곤 안해본게 없을 정도였다.

거기다가 승진훈련 같은 최대 이벤트의 전술훈련 등에도 참가하는 영예로운 기회도 가졌고, 어떻게 생각하면 왜 나만 그렇게 많은 훈련을 도맡아서 했을까 싶기도 하다. 하여튼 그런 훈련을 할 때마다 늘 보병대대장과 차로 같이 움직이기 때문에 지휘관의 여러 스타일을 파악할 수 있었다.

즉, 지장, 용장, 덕장의 스타일로 확실히 구분되는데, 1.어떤 분은 참모와 부하들을 공부 시키듯이 잘 타일러서 화 한마디 안내고 리더해 나가는 지장, 덕장스타일 2.어떤 분은 실제 전쟁이 일어난 것 처럼 돌격 고함소리 하나라도 작으면 혼을 내고 용맹하게 리드하는 용장, 지장스타일 3. 이것도, 저것도 아닌 부하들에게 강요만하고 이해할 수 없는 전술만 혼자 주장하는 스타일 등이다.

내가 전역하고 십 수 년 지나서 그 분들의 진급현황을 알게 되었는데 4성장군이 되신 분, 대령까지만 되신 분 등 역시 스타일에 따라 다양했다. 그 중에 4성 장군이 되신 분은 용장과 지장의 스타일을 갖추신 분이고, 내가 또 아는 사단 참모하셨던 한분은 초급 장교시절부터 모든 교육 과정에서 1등을 하셨던 분인데 그 분도 4성장군이 되셨고, 최고의 지장, 덕장 스타일 이었다. 어느 날 사단사령부 앞 식당에서 삼겹살을 동기들과 먹고 있었는데 백골OP에서 알았던 인연으로 웃으며 내 머리를 쓰다듬어 주셨던 키도 크시고 멋진 분이었다.

철원 와수리의 추억

어느 지역이든 군 부대가 있는 곳에는 대표적인 마을들이 있는데 우리 3사단 지역에는 철원군(김화) 서면 '와수리'라는 곳이 있다.

거기에는 2년 동안 우리를 도와주고 편리를 제공해 주신 정들었던 분들이 참 많았다.

철원이라는 말을 우리말로 풀이하여 '쇠둘레'라고 이름 지어 경양식 집을 하셨던 중년의 주인 아주머니. 그 집의 돈까스 맛은 30 여년이 지난 지금도 잊을 수 없다. 지금 그 아주머니는 80중반도 넘었으리라!

고기 맛이 최고였던 정육점을 겸한 '한일관' 식당을 하셨던 후덕한 아주머니, 한 달 내내 외상을 먹고 월급날 갚아 주어도 믿고 주셨던 분. 산골이고 어디고 낮이고 늦은 밤이고 늘 태워 주셨던 단골 택시기사 털보 아저씨. 예쁘게 생겨서 여러 장교들 가슴을 설레게 했던 종점상회 따님들 3명 – 날마다 퇴근해서 그 집으로 출근하는 단골 장교도 2명 있었다.

그리고 우리 부대 정문 앞 허름한 집에서 조그만 상점을 하시면서 밤 늦게 소주 안주용으로 라면을 끓여주셨던 강원도 말씨를 쓰신 할머니. 진숙이라고 하는 예쁜 딸을 데리고 계셔서 얼빠진 우리 동기들이 기웃거렸던 진숙이네집 가게 아주머니. 대학 시험을 앞둔 아들이 있어서 우리에게 진로에 대한 자문을 얻기 위해 친절하셨던 김화읍 부근 다방 아주머니. 그리고 부대가 철원 갈말읍 지경리로 이동했을 때는 삼겹살등 최고로 맛있는 고기도 제공해 주셨던 '충남식당' 아저씨 부부, 지금까지 먹어본 삼겹살 중에 그집 고기 맛이 최고!

다방과 상점을 겸해서 하셨던 '태양상회' 아주머니, 노름을 좋아하시는 아저씨 때문에 시름이 그칠 날이 없었지만 우리들에게는 누님같이 대해 주시고 돈도 융통 해 주시고 등등 너무 고마웠다. 그 집 아저씨하고는 주말에 소주들고 남대천으로 그물 치러도 다녔다. 서울에서 전방 마을까지 와서 카운터를 보던 예쁘고 귀여웠던 김모양 - 내 친구 한 중위를 사모함.

비록 떠내기 인생이었겠지만 전차방어용 장애물 부근의 한적하고 외딴 곳의 기와집에서 한복 입고 술을 팔던 아가씨들.

사람과 직업의 귀천을 떠나 모두 고마운 분들이었다. 감사합니다.

보병 3대대장님의 환대

나하고 승진 훈련에 같이 나가셨던 분, 각종 훈련때 내가 화력지원 장교로 같이 움직이셨던 분, 나중에 연합사 부사령관이 되셨던 분. 그분이 대대장 임기를 마치고 사단 인사참모로 영전을 하시게 되었다.

나는 그 분이 가시기 전날 주말에 우연히 어디서 만나게 되었다. '쇠둘레'라고 하는 경양식 집이였는데 거기서 대대장님은 연대 보안반장과 작별 점심식사를 하고 있는 중이었다. 반장님은 나를 많이 도와준 선배님이었다. 그런데 내가 쇠둘레 문을 열고 들어가니 대대장이 나를 보고 의자에서 벌떡 일어나더니만 "아~오 중위! 여기 웬일이야? 여기 앉아"하셨다.

아마도 그 동안 쌓였던 나에 대한 고마움과 신뢰 때문에 그렇게 대해준 것 같았다. 사실 내가 대대장이라도 포병장교가 그만큼 열심히 해 줬으면 똑같이 대해줬을 것이라 생각한다. 하여튼 사단참모로 가셨는데 82년 여름 전역전 날 사단장께 전역신고를 해야 하므로 참모님은 우리 동기 101 명을 연병장에

2시간 전에 집합을 시키셨다.

　단상에서 훈시를 마친 후 우리 대열 앞으로 오셔서 한명 한명 1대1로 복장과 두발 검사를 하셨는데 거의 3분의1 정도가 두발이 길어 짧게 깎고 오라고 명령했다.

　나도 머리가 상당히 길어서 불합격 상태였는데 참모님이 내 앞에 와서 지긋이 나를 보시더니만 그냥 지나쳐 가셨다. 하 하 하~ 엄격하기로 사단 최고의 호랑이 대대장이셨던 분이 이런 면도 있다니? 조그만 특혜였다.

　그리고 1시간 후 다시 점검을 마친 후 단상에 올라 오시더니만 "저~기 71대대 오 중위!"하시면서 나를 불렀습니다. 내가 "예"하고 대답했더니 "자네는 취직 했는가?"하고 큰 소리로 물었다. 제가 "예. 했습니다"라고 했더니 "너는 사회에 나가서도 성공할 거야!"라고 고맙게 격려를 해 주었다. 101 명의 동기들 중에 나를 직접 찍어서 말씀을 해주시니 한편으로는 동기들에게도 미안한 마음도 들었다. 자신이 대대장일 때 데리고 있었던 소대장들도 여럿이 있었는데 말이다. 그런데 그 분 말씀대로 빨리 성공을 해야 될 텐데 큰 일이다.

　하여튼 감사합니다.

다시 쓰는 이산가족의 슬픔

제 친구 아버님은 북한 황해도 연백이 고향이셨다. 어떻게 하다 보니 가족을 한 사람도 대동을 못하고 내려오셨고 북한에는 또 부인과 애들도 있었다고 한다.

월남하셔서 6.25 때는 국군으로 참전하여 한쪽 다리를 잃으셔서 상이용사가 되었다. 생활력이 강하셨고, 남한에서도 결혼을 하여 친구를 포함 세 자녀를 두셨는데 안타깝게도 친구 어머님과 이혼을 하셨단다. 친구는 처음에는 엄마를 따라 서울로 갔었는데 아버님이 강제로 데려와 새 엄마 밑에서 자라게 되었다.

친구는 그 생활이 싫어서 학교 다닐 때 집에 거의 들어가지 않고 독서실에서 외롭게 생활했다고 한다. 아버님은 제사 때마다 북한의 가족들을 그리워하며 매번 우셨다고. 지금은 나와 함께 양주 바에도 가고 재미있게 지내는데 어릴 때 그 심정을 상상하면 정말 가슴이 아파진다. 이산가족? 이 문제를 어떻게 해결해야 할까?

하늘이 자기 혈육을 마음대로 만날 수 있도록 도와줄 수 있는 방법은 없을까?

GOP 관측소의 맛 있는 반찬

우리 OP에서는 보병소대에서 식사를 받아 와서 했기 때문에 반찬이나 모든 것이 열악했다. 그런데 어느 봄날 충청도 출신 윤상병이라는 친구가 "보좌관님. 반찬도 없으신데 제가 만든 이것 한번 드셔 보세요"하고 고추장에 버무린 나물 반찬을 가지고 왔다.

나는 이게 뭔가 하고 몇 점 먹어보니 아주 맛이 있어서 한 접시를 다 비웠다. 식사를 마친 후 윤 상병을 불러서 "어디서 이런 맛있는 재료를 구했냐?"고 물어봤다. 그랬더니 그 친구가 "보좌관님. 우리 관측소 건물 옆에 많이 피어있는 그 나물로 만들었습니다"라고 했다. 나는 순간 깜짝 놀라며 "야 임마. 그건 사람이 먹지도 않는 돼지풀 아니야?" 라고 했다. 실제로 그 풀은 어릴 때 부터도 흔하게 보아온 돼지에게 주던 풀이었다.

그러나 윤 상병은 그 풀로 자기 고향에서는 자주 나물 반찬을 해서 만들어 먹는다고 했다. 나는 "야~1개 풀도 지방별로 이렇게 차이가 나는 구나" 라고 생각하고 더 이상 나무라지 않았다.

윤 상병 고마워!

예비 측정에서 꼴등

군단포술경연대회를 앞두고 훈련기간 동안 각 포단에서는 예비측정대회를 몇 차례 실시한다. 4개 대대가 각 분야별로 경쟁을 하게 되는데 어느 대회에선가 우리 관측팀이 꼴등을 해버렸다.

팀은 2개 팀씩 장교, 부사관, 병사로 이루어진다. 그런데 측정을 망치는 경우는 꼭 1명씩 실수를 하게 된다. 장교든 부사관이든 병사든 정해진 시간 내에 초를 다투며 답을 도출 해 내야 되기 때문에 마음이 흔들리거나 기상 조건이 안 좋아 시야가 흐리면 관측에서 실수를 저지르게 된다.

나도 실제로 비오는 날 안경에 물이 흘러 표적 확인이 잘 안되어 관측경연대회에서 실수를 한 적이 있다. 하여튼 그날 대회에서도 누군가 잘 못해서 그렇게 되었는데 나는 선수로 나가지 않았지만 관측팀의 총 책임자였기 때문에 대대장님 보기도 미안하고 부담이 컸다.

그래서 약 20명의 팀들을 데리고 깊은 산으로 훈련을 간다는 핑계로 피신을 하기로 했다. 트럭으로 용화동이라고 하는 골짜기를 지나 높은 능선에 텐트를 치고 숙영지를 잡았다. 여기까지는 대대장이 못 오시겠지 하는 생각으로……. 지대가 높아 고랭지 채소를 키우는 지역이었는데 배추가 아주 탐스럽게 자라고 있었다.

그런데 밤 10시 쯤인가 헤드라이트가 비치면서 찝차가 1대 올라왔다. 대대장 님이었다! 모두 미안해서 고개를 숙이고 있는데 대대장이 의외로 "야! 모두 수고했어. 여기까지는 뭐 하러 왔냐? 다음에는 잘 하고, 오 중위는 수염이 왜 그리 길었나?" 라고 했다.

보니까 대대장도 스트레스를 받아서 인지 아니면 다른 좋은 일이 있어서인지 술을 한잔 하시고 우리담당 정보참모를 대동하고 오셨다. 평소에 그렇게 깐깐하고 훈련에 철두철미 한 사람이 이런 면도 있구나 하고 생각했다. 나는 그 뒤에 동료 2명과 내가 직접 참가한 대회에서 3명 모두 만점을 받아 1등을 하여 대대에 진 빚을 갚고 전역을 했다. 지금도 그 생각을 하면 홀가분하다.

십자탑 점등

우리 OP옆, 약 500 미터 떨어진 고지에 '전선십자탑'이라는

게 있었다. 대북 홍보용으로 만든 것 인데 크리스마스나 연말에 불을 밝히고 음악도 틀고하는 중요한 시설이었다. 그런데 점등이나 멸등을 하는 스위치가 그 철탑 바로 아래에 부착되어 있었기 때문에 가동을 할 때는 내가 매일 저녁, 아침에 병사 1명을 대동하고 직접 점등, 멸등을 하게 된다. 그런데 눈이 많이 왔을 때는 무릎까지 빠져서 십자탑까지 갔다 오기가 여간 어렵지 않았다. 대남 방송이든 대북 방송이든 모두 시끄러운 스피커로 하지만 이 십자탑은 아름다운 불빛을 수 놓으며 은은한 성가가 울려 퍼지는 그야말로 평화를 온 누리에 전파하는 전령 같았다.

그 순간만은 남이든 북이든 모든 병사들이 편안한 마음으로 적대감 없이 십자탑을 보고 음악을 듣게 될 것이다. 그래서 이 전선 십자 탑은 백골OP와 함께 내가 제일 사랑하는 시설물이었고 내 몸의 일부인양, 사람 같으면 영원한 동반자 같이 생각되었다. 우리 남과 북도 그 십자탑이 상징하듯 평화로운 세상이 되었으면 하는 생각이 간절했기 때문이다.

고양이를 키운 선배

　내가 있던 백골OP 우측은 보병 다른대대가 지키던 지역이었다. 거기 본부에도 포병 선배 장교분이 한명 근무를 하고 있었다. 이 선배님은 동물애호가 였는지 야생고양이 한 마리를 잡아서 키웠다. 그런데 다른 고양이들도 눈치를 보고는 모두 선배님 곁으로 몰려 와서 돌아 갈 생각을 하지 않았다. 그래서 1마리 2마리 모여서 또 자기들끼리 새끼도 놓고하여 나중에는 약 스무마리 정도가 되었다.

　선배님이 건물 밖으로 나가면 우르르 따라 나갔다가 들어오면 우르르 따라 들어오고 했다. 그 모습을 보병대대장이 보시고 못 마땅히 여겨 "야. X중위. 그 고양이들 모두 갖다버려!"하니까 그 선배님은 "대대장님. 이 불쌍한 놈들을 어떻게 갖다 버립니까? 버릴 것 같으면 저를 버리십시요"라고 했단다. 아이고 이거 무슨 코미디 같은 이야기 입니다만 나는 그 선배님을 고양이 사육사로 별명을 붙여주고 싶었다. 요즘 같으면 수의사도 군의관이 있으니 그게 어울릴 별명인지?

이산가족의 또 다른 이야기

　이산가족 이야기는 몇 번 기술하고 있었지만 오늘은 다른 얘기를 한번 해보았으면 싶다. 내가 가끔 가는 서울 충무로에 잡지사를 하시는 선배님 사무실이 있다. 거기서 일하는 여성 부장님이 계시는데 그분 고향은 구철원 동송읍이라는 곳 이다.
　아버님이 함경도 단천 출신이신데, 6.25때 홀로 내려오셔서 고향을 기린다고 휴전선 가까이 철원에 살았다고 한다. 동송읍 이란곳은 인접 철원읍과 같이 옛 철원 지역으로 불리는 곳인데 넓고 넓은 철원평야의 남·북 중간 지역으로 보면 되고 가을에 높은 산에 올라가서 그 평야를 바라보면 광활하고 물결치는 들판이 한없이 아름답다.
　그 아버님은 온갖 고생을 다하여 과수원, 논밭 등을 많이 모으셨지만 문제는 가족, 친척이 한명도 없으니 평생 외롭게 사셨고 부모님이 언제 돌아가셨는지도 모르기 때문에 제사도 못 지내셨다고 한다. 그래서 김 부장이란 분도 어릴 때부터 추석이나 명절 때 부모님 2분, 동생 등 네 사람만 지냈기 때문에 이

옷에 친척이 많은 사람들이 제일 부러웠다고 한다.

아버님은 북한의 정확한 주소를 가지고 이산가족 상봉신청을 여러 번 해 봤지만 아무런 답변을 받지 못 했다고 한다. 그것도 자기들에게 무슨 이득이 있을 사람만 확인을 해주는 건지 가슴 아픈 사연이 있음을 알게 한다. 안 겪어 본 사람이야 백날 떠들어 봐야 그 심정을 어떻게 알겠는가?

그래서 김 부장은 결혼할 때 할아버지, 할머니, 삼촌, 고모라는 말을 해보고 싶어 대가족 집안에 시집을 가고 싶었는데 시가집도 친척이 많지 않아 요즘도 가족 많은 사람이 제일 부럽다고 말한다. 2세 까지 이어지는 이 외로움???

그래서 내가 "그럼 김 부장님이라도 애들을 좀 많이 놓죠?" 하니까 "저도 딸 둘 뿐입니다"라고 하면서 웃었다.

그 아버님은 돌아가셨는데 철원지역에 함경도 출신분들이 많아 단결이 잘되어 같이 만든 선산에 잠들어 계신다고 했다. 고향이 아닌 선산에!

물에 젖은 건빵 56,000봉지

 어제는 오랜만에 광주에 출장을 갔다 왔다. 서울에서 KTX로 광주송정역으로 가서 택시를 타고 첨단지역으로 가던 중 기사 아저씨와 여러 가지 얘기를 나누었다.
 송정역은 옛날 초급장교 교육을 위해 광주로 왔을 때 주위가 온통 논이었는데 지금은 큰 도시로 변해있었다. 내가 고향이 부산이라고 얘기했더니 그 기사분이 부산과 관련된 건빵사건 얘기를 했다.
 그 분이 약 20년 전인가 영업용 트럭기사를 하고 있을 때 군 대용 건빵공장이 부산 사상이라는 곳에 있었고 건빵을 광주상무대까지 운송, 배달을 했다고 한다.
 그런데 하루는 그 날도 배달을 하고 있었는데 중간에 비가 오기 시작했다는 것이다. 출발 전에 일기예보도 확인했고 해서 커버만 대강 덮었다고 한다.
 그런데 그 날은 소나기가 가는 중에 갑자기 쏟아져 대응을 할 수가 없었다고 한다. 8톤 트럭에 가득 실은 건빵의 수량은

56,000봉지. 이 건빵은 비축용으로 광주 상무대로 싣고 가고 있었는데 상부에 보고를 하니 이것은 비축을 할 수 없으니 며칠 안에 병사들이 다 먹을 수 있도록 여러 사단에 배포를 해주고 가라는 지시를 받았다고 한다.

내가 군대 생활할 때 우리 병사들이 건빵을 반합에 물을 넣고 사탕과 함께 끓인 것을 먹어 보았는데 물에 불은 건빵이 아주 맛 있었다. 그러나 이건 좀 틀리겠죠? 그래서 그 기사 분은 이틀 동안 전라도 충청도 온 사단을 돌아다니면서 물에 젖은 건빵을 56,000 봉지를 모두 배포 해주고 왔다고 했다.

빨리 터진 포—시한신관 Error

우리 포병부대가 1년에 한 번씩 군단 포술경연대회나 실 사격 대대훈련을 나갈 때 문혜리 라고 하는 곳으로 간다. 포진지가 그곳이고 저희 같은 관측 팀들은 높은 산위의 관측소로 올라가서 포를 유도하는데 그 관측소 이름은 용화동OP라는 곳이다.

우리가 사격명령을 내려서 포가 떨어지는 타깃지역은 용화동 뒷 마을 병풍같이 펼쳐진 넓은 산악지대이다. 그런데 하루는 우리 관측 팀들이 훈련을 하고 있는데 포탄 조기폭발 사고가 발생되었다. 나중에 병사들에게 들어보니 포탄이 타깃에 도달하기 전에 OP 바로 뒤쪽 공중에서 폭발을 해버렸다고 한다.

시한신관이라는 것이 있는데 이놈이 정해진 적당한 시간에 작동하면 타깃에 포가 떨어지는 순간에 폭발하지만 고장으로 조기 작동하면 먼저 터져버리는 것이다. 하여튼 현장에 있었던 고참병사가 나에게 얘기를 하는데 "보좌관님. 포가 OP 바로 뒤 공중에서 폭발하니까 그 진동과 파열음은 감당 못할 정도로 충격적 이었습니다."

"비록 포 파편이 여기까지 오지 않았지만 그 충격에 놀라 모든 병사들이 순간적으로 땅에 엎드리는데 그 모습이 꼭 개구리가 낮은 포복하는 자세 같았습니다"라고 했다.

그 용화동이라는 마을은 낚시터 저수지도 있고 한적하고 아름다운 곳이다. 지포리에서 올라가는 중간에 겸재 정선이 그림으로도 그린 아름다운 삼부연 폭포도 있다.

포를 쏜 사단장

내가 전방에 근무했던 80년도에 거기서 오래 근무했던 선배 님들로 부터 들은 얘기 한 토막이다.

어떤 날 우리 측에서 중대장이 인솔하는 비무장지대 작업팀 들이 그 안에서 작업을 하고 있었다고 한다.

그 지역은 내가 근무했던 '백골GP' 바로 앞이 였는데 적GP 와 중서부전선에서 제일 거리가 가까운 곳이고 상호 소총 유효 사거리 내의 지역이다. 그런데 북한 GP쪽에서 우리 작업반 쪽 으로 불시의 사격을 가하여 중대장이 사망하고 여러 명이 다치 는 큰 사고가 발생하였다고 한다.

야간에 조명탄까지 쏴가며 아군들 구조작전을 끝낸 뒤 그 당 시 사단장이셨던 박정인 장군님은 즉각 포를 쏘라고 명령을 내 렸고 그 포를 쏜 부대가 우리 대대였다고 한다.

브라보 포대에서 첫 탄을 쐈는데 그 탄이 바로 적의 GP방카 속으로 명중해서 들어갔다고 한다. 그 뒤로는 북한군들이 우리 3사단 지역으로는 아예 얼씬거리지도 않았다. 그런데 그 박정인 장군 님을 내가 몇 년 전 서울의 어떤 모임에서 만났다.

'경제풍월'이라는 잡지사를 하시는 선배님이 주관하는 회원들 연말 모임이었는데 선배님께서 장군님을 소개시켜 주셨다. 내가 백골사단 출신이라 말씀드리고 '백골'하고 경례를 드렸더니 아주 좋아하셨다.

비무장지대 사건이 일어나고 약 40년만이었다. 그런데 그 당시 나이가 아흔 둘이셨는데 하얀 백발에 아주 정정하시고 "내 특기는 간첩 잡는 거야"하시면서 농담도 하셨다. 감사합니다.

다시 가본 전방 철책선, OP

내가 제대하고 약 10여년 후 우리 사단에 신청하여 여러 지인들을 대동하고 전방철책선 견학을 가게 되었다.

포천 운천을 거쳐 사령부가 있는 신수리에 도착하여 간단한 안내 인사를 받고 전방으로 출발했다. 제일 먼저 들른 곳이 내가 7개월 동안 근무했던 정들었던 '백골OP'였다.

OP로 들어서니 옛날과 같이 북한의 오성산이 푸르고 웅장하게 우뚝 서 있었고, 주위를 둘러보니 문득 이런 가곡이 떠올랐다. "내 놀던~ 옛동산에~ 오늘와 다시 서니 산천의 구란말 옛 시인의 허사구려~"

백골OP 견학을 마치고 한탄강 쪽으로 갔다

거기에는 멸공OP라고 하는 새로운 관측소가 건립되어 있었다. 한탄강 상류와 민들레 벌판을 굽어보는 언덕위에 세워져 새로운 명물이 되었다.

거기서 나는 옛날에 내가 근무시절에 썼던 '시'를 생각하며 다시 써보았다.

"푸른 숲 깊은 계곡을 타고 말없이 흐르는 한탄강아./ 분단된 민족의 아픔을 알아 너 이름이 한탄강이냐?/ 북에서 흘러 여기 금강산가던 철길 아래로 해서/ 수십키로 멀리 임진강까지 굽이굽이 웅장하게 흘러가지.

발아래 너의 푸른 모습을 보니 감탄, 웅장, 장엄 이런 말밖에 나오지 않는구나./ 민들레 벌판을 끼고 우측으로는 백골OP 좌측으로는 멸공OP, 저 멀리로는 오성산이 바라보이는 분단의 한가운데를 흐르는 너의 심정은?/ 부디 우리 민족이 하나가 되어/ 너와 동족의 한이 풀리는 날이 빨리 오기를 손꼽아 기다린다."

피어린 장백산의 내용

얼마 전에 언급한 함경도 북청이 고향이신 선배님께서 집필한 이 책은 구하기가 쉽지 않고 잘 알려지지 않은 책이지만 선배님의 열정과 노고, 또한 우리 선열들의 독립투쟁사를 꼭 알 필요가 있는 내용이 많아, 스토리 별로 좀 소개를 하고자 한다.

소설의 시작은 1907년 일제에 의해 대한제국 군대가 해산되는 사건으로 부터 시작된다. 일제가 경복궁에 지금으로 치면 수도방위사령부에 해당하는 우리군대를 집합시켜놓고 해산하기 시작하는데 그 발표가 나자마자 분에 못 이겨 대대장에 해당하는 박 참령께서 권총으로 자결을 한다.

그 사건이 당시 해산된 대한제국 군들이 모두 의병으로 발전하게 되는 도화선이 되었다. 그런데 내가 1,2권으로 된 그 책을 모두 읽고 난 후 어느 날 저자이신 김유진 선배님을 서울 사무실에서 만났는데 어떤 손님 한분을 제게 소개시켜 주셨다. "오 사장. 책에 나오는 순국하신 대한제국군 수비대 박참령 알지? 이 분이 그분 손자야" 하셨다.

나는 어떻게 일제시대 배경 소설 속의 손자님을 이렇게 만날 수 있을까하고 신기하게 생각했다. 또한 돌아가신 자랑스런 선열의 후손을 만나게 된 것이 경이롭기도 하고 그 분의 자손들은 또한 일제시대 때 얼마나 고생을 했을까 하는 생각도 들었다.

"요화 배정자와 이또히로부미, 그 오빠". 소설속의 또 다른 다음얘기가 있다. 배정자의 오빠는 일 없는 한량건달이었는데 배정자가 이또히로부미에게 밤에 부탁하여 한성부윤, 지금으로 치면 서울시장 자리에 앉게 했다. 침대 안에서 배정자가 앙탈을 부리며 이또를 어떻게 꼬시는가 하는 장면도 잘 기술되어 있다. 역사교과서에서 볼 수 없었던 적나라한 사실들이다.

영화 '암살'도 보면 조선의 사업가가 총독과 주둔 군사령관에게 빌붙어서 아부를 하는 장면이 나오는데, 요즘 이런 것을 시대가 그랬으니 어쩔 수 없었을 거라고 주장하는 사람들이 있다.

그러면 이역 만리에서 목숨을 걸어 놓고 독립운동을 하신 선열들은 무엇입니까? 백가지 중에 한 가지라도 친일을 했다면 뉘우치고 백배 사죄해야죠. 그렇게 한다해도 온 몸을 바쳐 오로지 독립을 위해 고생하시다가 돌아가신 선열들이 용서하지 않을 건데요!

또 홍범도장군에 대한 이야기도 나온다.

홍범도 장군의 활약상이야 하룻 밤에 친일 일진회 놈들을 스무 여명을 처단하고 독립운동을 위해 만주로 떠나는 일, 봉오동 전투 승리 등 수 없이 많지만 말년에 연해주에서 카자흐스탄으로 고려인들과 같이 강제 이주된 후 이런 얘기가 있다.

중앙아시아로 이주된 후에는 독립운동도 할 수 없고 나이가 들어 할 일이 없으니 레닌으로부터 선물 받은 권총을 차고 한인동포가 운영하는 극장에서 기도(경비)를 봤다고 한다.

동포들은 그 분이 홍범도 장군이라는 것을 알지 못하고 지냈는데 하루는 장군이 기도를 보려고 극장에 출근을 하니 극장 간판에 영화제목이 "호랑이 장군 홍범도"라는 글이 쓰여 있더라는 것이다. 영웅 호걸의 쓸쓸한 말년이지만 본인도 모르게 우리 동포들은 그 분의 일대기를 영화로 만든 것이다.

이상으로 줄입니다. 감사합니다.

골프와 포병 메트로 장입

최근에 군대 동기 모임에서 골프를 했는데 바람이 너무 세게 불어 모두 애를 먹었다. 그래서 골프와 포탄이 바람의 영향을 받는 이야기를 해보겠다.

우리가 골프를 칠 때 바람의 세기와 방향을 점검한다. 즉, 그 기상상태에 따라 목표를 정조준 하는 것이 아니고 좌우 편차를 두고 오조준해야 골프나 포탄이 바로 목표에 도달 하는 것이다.

그래서 그 기상상태를 관찰하여 사격제원에 반영하는 것을 포병에서 '매트로(기상)장입'이라고 한다. 따라서 엄격한 포병 지휘관 같은 경우는 일상 점검시 이 업무를 게을리 하면 호되게 질책을 한다.

내가 언급했던 조성옥장군 같은 분은 전쟁상태가 아니더라도 이것을 매우 중요한 요소로 생각해서 철저히 챙겼고 혼난 부대가 많았던 사실을 알리고 싶다.

실제 사격할 때도 이것이 매우 중요한데 유능한 관측장교는 기상상태를 산 위에서 몸소 파악하여 제원에 직접 반영해 버리기도 한다.

우리 선배 관측장교 중에 수학과를 나온 머리 좋으신 한분이 계셨는데 대대시험 사격훈련에서 바람을 감지하고 목표보다 훨씬 좌측으로 사격임무를 내렸다.

깜짝 놀란 통제관이 틀렸다고 지적을 하고 만류를 했으나 선배님은 자기 소신대로 해버렸고 그 포탄은 명중이 되었다. 통제관이 수학과 머리를 못 따라 온 것이죠. 지금 대학교 수학과 교수를 하고 계신데 골프도 그렇게 잘 치시는지 모르겠다.

북한 여성의 심리전

GP에 근무하면 가끔씩 북한 측 GP에 여성들이 수십 명씩 올라와 우리 측을 보고 심리전을 펼친다.

군복을 입었는데 자기들은 평양의 무슨 예술극단 소속이라고 하면서 폴짝 폴짝 뛰고 손짓을 하면서 우리보고 놀러오라는 것이다.

감동적인 책 5권

나는 내 머리맡에 항상 4권의 책을 두고 잔다. 징비록, 난중일기. 안중근의사거사100주년 기념소설, 백범일지이다.

그리고 최근에는 내가 존경하는 선배님의 소설 '피어린 장백산'이라는 책도 같이 두고 있다.

우리나라 독립투쟁사가 정말 구체적이고 감동 깊게 서술되어 있는 책이다.

안중근의사에게 이토히로부미 저격용 권총을 사주신 분이 최재형이라는 분이라는 내용도 나온다. '최재형', 그 이름 인터넷에 검색해보면 눈물겹다. 물론 거사 자금도 다 장만해 줬다고 한다.

현재까지 2권이 나와 있는데 선배님께서 그 책 저술을 위하여 현지 답사차 중국 길림성지역을 백여 번이나 다녀 오셨다고 한다.

그 2권은 아시는 분과 기업인 도움으로 비용을 준비하여 출간하셨는데 마지막 3권은 아직 비용을 준비 못하여 발간을 못하고 있고, 한때는 나하고 방송 다큐멘터리로 한번 만들어보려고 부탁하러 쫓아다닌 적도 있다.

본인에게는 아무런 이득도 되지 않는 일을 우리 선열들의 고난과 헌신적인 삶을 소개하기 위하여 노력하시는 선배님을 보면 정말 존경스럽다.

군 단장의 OP방문과 도열

백골 OP에는 민·관·군 VIP들이 자주 방문을 하는데 그때마다 우리사단 관계자들은 계급 순으로 도열을 해서 영접을 한다.

하루는 신임 군단장께서 초도 순시차 OP를 방문하셨는데 그날도 여러 사람들이 도열을 하였고 순서차 우리 대대장과 내가 계급이 낮으니 맨 마지막에 섰다.

차례로 악수를 해오던 키가 자그맣고 깐깐하게 생기신 군단장께서 바로 제 옆의 우리 대대장과 악수를 하면서 손을 놓지 않고 대대장을 한참이나 뚫어지게 쳐다 봤다. 그러면서 하는 말씀이 '자네 어디서 많이 봤는데?' 하시는 것이었다. 별 3개가 중령에게 그런 사적인 질문을 하니 모두 깜짝 놀라있는데 대대장이 "예. 군단장님께서 옛날 X사단 포병사령관으로 계실 때 제가 모대대에서 전포대장을 했습니다"라고 대답했다.

전포대장은 부하들과 포를 직접 사격하는 포병중위(소대장)였다. 그러자 군단장이 "맞아! 그때 잘 했었지"하는 것이었다.

우리 대대장은 애기했듯이 단기사관 출신이라 늘 신분상의 열등감이 좀 있었을 건데 그 날은 군단장으로부터 좋은 칭찬을 받은 날이라 모든 사람들로 부터 부러움의 대상이 되었고 대대 임기를 마치고는 신분의 한계를 넘어 군단 포병사령부의 최고 요직으로 가셨다. 지금이지만 축하드립니다.

동기 소대장이 준 돼지고기

우리 관측소는 취사 기능이 없어 보병소대에서 배급을 받아 식사를 하였는데, 사실 부실할 수밖에 없어서 나는 가끔 인접 소대 동기들 막사에 저녁에 식사겸 놀러가기도 했다.
 하루는 우리 인접 대대인 소대장 동기 집에 들렀다. 그 친구는 K대를 나온 친구인데 나를 보더니만 반가워하면서 "포병관측 장교가 OP에서 식사나 옳게 대접 받겠나?"하면서 전령을 시켜서 내 식사를 가져왔는데 자기가 먹는 것 보다 훨씬 좋게 특별히 돼지고기 찌개를 가득 담아 왔다. 아이고~이거 나는 늘 부하병사들과 백골비빔밥만 먹다가 산더미같이 쌓인 고기를 보니 이게 웬 떡이냐 싶을 정도로 눈이 휘둥그레졌고, 아주 맛있게 먹었다. 아직까지 그 기억이 생생하고 빨간 돼지고기 색깔까지 잊지 않고 있다. 그 친구를 꼭 찾아서 보답을 할 생각을 가지고 있다.

연합사 부사령관 백석주 장군, "당신이 애국자요"

또 한 번은 연합사 부사령관이 우리 OP를 방문하셨는데 수행인원과 기자들이 하도 많아 50여명이 앉는 내부가 발 디딜 틈이 없이 꽉 찼다. 고위 장성들이 방문 할 경우 통상 보병 연대장이 브리핑을 하시는데 그날도 성윤영 연대장께서 하셨다.

전방 GOP 경계방법에 대한 우리 사단의 노하우를 보고 드렸는데 마치고 나서 연합사 부사령관(백석주대장)이 연대장에게 "당신이 애국자요"하셨다.

실제로 22연대는 당시 군 최우수 경계 부대로 선정되었고 우리 사단 쪽으로는 북한군들이 감히 접근 해오지를 못한다.

그래서 나는 철책이 뚫린다는 것은 무슨 이유에서든지 이해를 할 수 없는 것이다.

백골3사단의 각 부대는 1. 18연대는 그야말로 무적의 백골부대 모태로써 진백골 부대로 불리고, 2. 22연대는 6.25때 압록강 혜산진이라는 곳에 제일 먼저 도달한 부대(수통으로 압록강 물을 담는 국군사진), 3. 23연대는 3.8선을 최초로 돌파한 부대 등 전통이 막강한 부대이고 모든 사단 장병들이 자부심과 사기가 충만한 부대이다.

왼쪽어깨에 그려져있는 자랑스러운 백골부대 마크!

곤란한 심리전 보고

1980년대만 해도 155마일 휴전선 전역에서는 남과 북의 부대가 확성기로 서로 심리전 방송을 끊임없이 했다. 우리는 그래도 신사적인 내용으로 방송을 하지만 저 쪽에서는 아주 터무니없는 비방성 방송을 많이 한다.

하여튼 우리 쪽에서는 방송내용을 모두 청취하여 빠짐없이 기록후 상급부대에 보고를 하게 된다. 그런데 기록, 보고하기가 어려운 경우가 있는데 저 친구들이 우리 대통령과 영부인에 대한 원색적인 비난을 할 때는 내용을 그대로 쓰기가 어려워 병사들이 고민을 할 때가 많았다.

우리는 아주 부드럽게 방송을 하지만!

장관이 된 병사

　전방 OP에 근무할 때 우리 OP 뒤쪽에 보병중대 본부가 있었는데 거기에 상황병 김 모 병장이 있었다. 최고의 대학출신이었는데 그 때는 학생들이 군부정권에 항거하여 데모를 많이 했었고 김 병장도 아마 그렇게 하다가 타의로 군대에 오게 된 모양이었다.
　그 친구는 마땅한 대화 상대가 없으니 그래도 대학출신인 나를 자주 찾아와서 "보좌관님, 보좌관님"하면서 따랐다. 나도 김 병장의 처지를 아는지라 잘 해주었고 동생같이 대해 주었다.
　그런데 2000년대 초반 TV에 국회 무슨 청문회인가 장관 보고인가 하는데 하여튼 어떤 사람이 보였다. 나는 어디서 많이 본 인물 같아서 계속 보다가 다음 화면에 앞에 높인 명패를 보았다. 바로 그 김 병장이었다.
　이런 생각이 들었다. "군대에서 병사들이 고생을 많이 하지만 영원한 병사도 영원한 장교도 없다. 단, 자기 마음속에 얼마만큼의 자부심과 애국심을 가지고 사느냐가 중요하다"는 생각을.
　운동권 학생으로서의 그 김 병장의 외롭고 힘들고 가슴 아팠던 군 생활 얘기는 차마 여기서는 할 수 없고, 하여튼 그 시절에는 우리 젊은이들이 민주화를 위하여 수 많은 희생이 있었음을 대변할 뿐이다.

통일촌의 여자 이장

우리가 전방 GOP에 근무할 때 크리스마스 때나 연말연시에 통일촌 주민들의 위문 방문을 받는다.

통일촌이라고 하는 마을은 155마일 휴전선에 걸쳐 민통선(민간인 통제선)안에 있는 마을들을 얘기한다. 거기에 사시는 분들은 전방의 특성상 행동에 제약을 받기 때문에 고생이 많으시고 모두 국가에서 제공한 농토로 농사를 짓는 분들이다. 6.25 때 남겨진 지뢰 때문에 사고도 많이 당한다.

하여튼 그 분들이 위문 오실 때면 떡국과 소박하지만 여러 가지 선물들을 가지고 오시는데 내가 있을 때는 금곡리라고 하는 통일촌 주민들이 면회를 왔다.

그런데 인솔자가 그 마을 이장이시고 나에게 인사를 하는데 여성 이장이었다. 남자들도 하기 힘든 일일건데 수십명의 주민들과 학생들을 이끌고 수 킬로미터의 산꼭대기 까지 올라왔다. 얼굴도 예쁘고 얼마나 용감하고 씩씩했던지 꼭 여성 장군 같았다. "감사합니다. 그 때 떡국과 떡 잘 먹었습니다. 이장님!"

권통의 애국심

우리 사단에 같이 근무했던 동기 중에 권통이라는 친구가 있다. 권통이라는 말은 권모 통신장교라는 뜻이다.

이 친구는 학교는 Y대 출신이고 지금은 공덕에 살고 있는데 애국심이 매우 강한 친구다.

왜냐하면 자기 집에서 매일 아침 일찍 일어나서 효창공원의 김구선생과 '삼의사'묘지를 참배하고 오기 때문이다.

사실은 아침 운동을 위해 하는 일이지만 정성과 애국심이 대단하다. 군대있을 때는 보병통신이 힘들다고 포병통신으로 옮기는 등 편한곳만 찾아 다녔는데 제대 하고는 훌륭한 애국자가 되었다. 권통! 중단없이 계속 선열들에게 효도하길 바라네.

참고로 삼의사는 윤봉길. 이봉창. 백정기 의사이다. 그 옆에는 안중근의사의 유해가 발굴되면 모시기 위하여 안 의사님 가묘도 있다고 한다. 감사합니다.

통신장교들의 고생

장교들이나 병사들이나 우리가 보통 특과라고 하는 병과가 편한곳이라 생각을 많이 하는데 사실은 전방에서는 그렇지도 않다. 위에 언급한 권통도 처음에 보병대대에 배치가 되었는데 가끔 우리 OP로 올라 와서는 힘들다고 할때가 많다. 대대본부에서 각 곳으로 연결되어 있는 통신 줄이 어디라도 끊기면 이를 확인해서 다시 연결을 해야 하는데 시간이 급하고 중요한 곳은 전담 병사를 데리고 직접 그 지점을 찾아서 조치를 해야 했다.

또한 비무장지대에 그런 상황이 발생했을 때는 직접 인솔해서 들어가서 조치를 해야 했기 때문에 위험하고 긴장도 많이 된다고 했다.

우리는 포병이라 그런 특과를 부러워했는데 그것도 아니었다. OP에서 브리핑만 잘 하면 되는데 권통은 어떤날은 땀을 뻘뻘 흘리면서 병사와 함께 단선을 잡으러 우리 OP까지 올라온다. 내가 시원한 음료수를 대접했다.

또 다른 동기 통신장교 류모 중위가 있었는데 이 친구는 비무장지대 철책작업에 직접 투입됐다고 한다. 자기 대대장이 대대에 장교가 모자란다고 통신장교인 자기를 작업소대장으로 지정했다는 것이다. 그 곳은 산이 아주 가파른 곳인데 작업차량을 타고 얼음판인 산고지를 수백 번 왔다 갔다 하다 보니 차가 미끄러 죽을 고비도 여러 번 겪었다고 한다.

지금은 우리 동기회 모임 회장을 하고 있는 유능하고 똑똑한 친구인데 요즘도 우리사단 얘기만 나오면 그 때 그 자기 대대장을 욕을 해댄다. 통신장교를 작업반장 시키는 사람이 어디 있느냐고.

경북상회와 보신탕

우리 대대가 전방으로 들어가기 전 송동이라는 마을에 BOQ(독신장교숙소)가 위치해 있었고, 바로 길 건너에 경북상회라는 상점이 있었다. 그 상점은 BOQ 장교들에게 여러 가지 필요한 물건을 공급해주는 민간 보급기지로 보면 이해가 될 것이다. 주인 아주머니로 부터 시작하여 딸까지 내려오는 수 십년 된 상점이고 인심도 아주 좋은 집이었다.

우리가 소위로 배치받아 갔을 때 보니 이미 여러해 전부터 선배 장교님들의 단골집이었고 가족같이 지내는 사이였다.

그 집에 얽힌 보신탕 얘기를 하나 하겠다. 요즘은 내가 여러 가지이유로 보신탕을 먹지 않지만 그 때만 해도 지나가다가 눈에만 보이면 바로 들어가서 먹는 최고의 매니아 이었다.

어느 날 물건을 사러 그 집에 들렀는데 식당도 겸해서 하고 있었으므로 내가 큰 기대를 하지 않고 보신탕도 하시느냐고 물었다.

그런데 누님뻘 되는 따님이 "아이고~ 보신탕도 한다"는 것이었다. BOQ에 동기들이 있었지만 거의가 서울 친구들이라 내 생각으로는 그 친구들은 그 음식을 먹지 않으리라 추측을 하고 혼자서 맛있게 먹고 BOQ로 들어갔다.

그런데 동기들이 왜 이리 늦었냐면서 혹시 점심시간이라 뭘 먹고 왔느냐고 물었다. 나는 "너희들이 아마 먹지 않을 건데 보신탕을 좀 먹고 왔다"고 했더니 이 친구들이 눈이 휘둥그레지면서 "야! 우리도 좋아 하는데 혼자 먹고 오다니 배신자다!"라고 했다.

아마도 이 음식은 지역에 관계없이 온 국민이 좋아하는 BEST FOOD 인 것 같았다.

그 매력적인 맛은 알지만 지금은 사양한다. 아마 내가 그 음식을 계속 먹었으면 지금 비만도가 심각해져 있을 거다?

장교가 되기위한 예비훈련.
선배들의 기합—말못하는 후배들

　장교가 되기 위한 훈련은 정말 힘들고 차원이 다르다. 그렇다고 병사들의 훈련이 쉽다고 하는 것은 결코 아니다. 단, 장교라는 신분이 그렇게 고상한 과정을 거쳐서 되는 것이 아니라는 것을 얘기하고 싶다. 육체적으로나 정신적으로 엄청난 힘든 과정을 거친다. 요즘이야 다르겠지만 80년대의 우리는 대학 3~4년 때의 기억을 잊을 수가 없다.

　장교 후보생이란 명칭을 달고 추운 겨울에 입단전 훈련을 약 1달간에 걸쳐하는데 그 훈련을 "ANIMAL TRAINING"이라고 한다. 그 기간 동안 사람 취급을 안하고 동물 취급을 할 만큼 힘들고 괴롭다는 것이다.

　운동장에 맨손으로 주먹쥐고 엎드려 뻗쳐를 얼마나 했으면 35년이 지난 지금도 우리 동기들은 모두 손등의 상처 흔적이 그대로 남아있다. 또 '원산폭격'이라하여 머리를 땅에 댄 채 몇 십 분이고 몸을 지탱하고 있어야한다. 그게 얼마나 힘들었으면 동기 한명은 다음 날 새벽 훈련받으러 나올 때 머리에 빨간 '옥도정기'를 바르고 나와 훈련담당 선배들에게 머리에 피가 났다고 제외시켜 달라고 거짓말을 했을까?

지금 생각하면 그런 기합이라고 하는 것들이 혹시라도 일제 잔재의 유산물이 아닌지, 만약 그렇다면 군에서 병사든 장교훈련이든 당장이라도 없애 버려야 한다고 생각한다.

어떻든 일일이 다 표현할 수 없는 '동물훈련'을 마치고 나면 군복과 군화, 개인화기(총)등이 정식으로 지급되는데 이런 코미디도 있었다. 어떤 동기가 집에 가서 부모님께 "이제 정식 장교후보생이 되어 총을 구입해야 되기 때문에 어머님 총값을 좀 주십시요"라고 했단다.

또 어려운 것은 대학교 3, 4학년 여름방학, 남들 다 쉴 때 한달 동안 군부대에 모두 하계훈련을 받으러 간다. 그 기간 동안에는 기온이 매일 30도를 웃도는 기간이라 유격, 각개전투, 사격, 화생방 등 훈련은 말할 것도 없고 더위, 모기, 습진 등과의 싸움이 계속된다. 습진이 심한 동기들은 단체로 나무그늘 밑에서 노팬티차림으로 자연 통풍치료를 받아야한다. 눈은 수건으로 가리고. 그 힘든 여름 훈련기간에 그래도 우리의 영웅이 있었다. 별명이 '졸도후보생'으로 불린 친구였는데 훈련이 너무 힘들고 더우면 그 자리에서 졸도를 해버리고 의무대로 실려 간다.

그러면 우리는 그때 부터 휴식에 들어가고 훈련강도도 훨씬 마일드 해지고 기합도 안 받는다. 며칠 지나 그 친구가 회복되어 우리와 합류하게 되면 단상에 올라가 복귀 연설을 한다. "내가 교관들하고 훈련단장(대령)에게 너무 심하게 훈련을 시키면 제가 또 뻗어 버리겠습니다."라고 했다.

"그러니 너거들은 내가 있으니 아무 걱정 하지마라!"라고 큰 소리 친다. 그래서 그 친구는 우리의 영웅이었다.

우리는 P대, S대, D대, K대, W대 등 수 백명의 후보생들이 우뢰와 같은 박수로 환영을 한다. 힘들고 무더운 여름, 훈련기간 동안 유일하게 웃으며 즐거운 시간이 되었다.

지금은 우리모임에 회장을 하고 있는데 "함회장! 그때 정말 고마웠다!"

무산된 남포동의 미팅

　3학년 때의 후보생 시절은 선배들의 괴롭힘?이 있고 군대 같으면 신병 졸병시절이라 정신적으로 더욱 힘들다. 아마도 장교가 된다는 희망이 없다면 모두 탈영해 버렸을지도 모른다. 사병 같으면 소원수리나 고자질이라도 하지 선배가 훈련을 시키니 정신적으로나 육체적으로 엄청나게 힘들어도 어디 말할 곳도 없다.

　그런 와중에 또 엄한 훈육관(정식장교 중위, 혹은 대위)을 만나면 그 또한 매우 어렵다.

　당시 우리 훈육관은 우리 학교 출신이셨는데 아성에 어울리게 별명이 '독사'였다. 그 선배님과 얽힌 얘기를 하나 해보겠다.

　우리과 6명의 동기들이 어느 날 토요일 오후 2시에 남포동 모 다방에서 미팅을 하게 되어있었다.

　그런데 갑자기 선배 훈육관이 1시까지 운동장(연변장)에 단독군장, 소총지참 집합하라는 것이었다. 예정에도 없던 영문도 모르는 기합이 시작된 것이다. 몇 시간 동안 운동장을 돌고 나니 약속시간은 이미 다 지나버렸다. 옷을 갈아입고 내려오니 그렇게 허탈할 수가 없었다.

그때는 휴대폰도 없었으니 상대방들에게 연락할 수도 없고 미안한 마음이 그지없었고, 하여튼 '독사'가 그렇게 원망스러울 수 없었다.

그래도 우리는 포기할 수가 없어 실없는 희망을 가지고 남포동으로 갔다. 아니나 다를까

파트너들은 없었고 시간은 이미 저녁때가 되어있었다. 그런데 가만히 보니 좀 떨어진 옆 자리에 아릿다운 여섯 명의 숙녀들이 앉아있었다. 나중에 알고 보니 여고 동창생들이 주말에 만나는 자리였다. 우리는 정탐꾼을 최 모 동기로 정하여 그쪽으로 보내서 즉석 미팅 의사를 타진하였다.

결과는 성공이었고 우리는 추첨으로 파트너를 정한 뒤 모두 버스로 에덴공원으로 가기로 했다. 다행히 내 파트너는 그쪽에서 키가 제일 컸는데 나와 매칭이 되었다. 왜냐하면 나도 거기에서 키가 제일 컸으므로, 에덴공원에서 즐거운 시간을 보냈는데, 귀가 시점이 되어 문제가 발생하였다.

친구 2명이 밤샘 올나이트를 하자면서 자기 파트너들을 억지로 유혹했고, 6명의 숙녀들은 합작하여 도망치듯 가버렸다. 나

는 내 파트너가 마음에 들었는데 졸지에 다 잡은 고기를 놓쳐 버린 심정이었다.

그런데 그 6명의 파트너 중 1명이 유일하게 한 친구와 계속 연락하게 되어 지금까지 행복하게 같이 살고 있다.〈결혼골인!)〉

고교선배, 장교동기

내가 OP에 있을 때 가끔 우리 대대에서 온 찜차를 타고 보병 대대에 갈때가 있었다.

하루는 차를 타고 내려가는데 같은 학교 동기 장교였던 친구가 멀리서 철책선 점검 순찰을 돌고 있었다.

나는 오랜만이라 큰 소리로 "야~한 중위! 반갑다. 오랜만이네!" 하면서 손을 흔들었다. 그런데 그 친구가 갑자기 인상이 달라지면서 "야! 임마 오 중위! 너 선배한테 말을 놓는 거야?" 라고 했다. 아이고~ 순간 생각해 보니 그 친구는 장교는 동기지만 고등학교는 선배였다.

그 친구는 고등학교에서 대학 올 때 재수를 했기 때문에 장교동기라도 고교는 선배다.

나는 이렇게 생각했다. 나도 중학교에서 고등학교 올때 재수 했는데 그렇다면 나이는 똑 같을 거고 중위가 되어서 전방 와서도 선배 챙겨야 되나? 억울해도 할 수 없다.

고교 선배는 확실하니까.

반성문 2천자

우리가 후보생 시절에 제일 괴로운 기합 중에 하나가 다음날 아침까지 반성문 '2천자'를 써 오라는 것이다.

이 경험을 해본 일반인들은 거의 없을 것이다.

말이 2천자지 시간도 팔이 아플 만큼 엄청나게 걸려 잠을 잘 수가 없고, 그 보다 나중에는 쓸 말이 없다.

그래서 중간에 교과서를 베껴 써 넣기도 하고, 어떤 친구들은 할 말이 없으니 애국가를 써 넣기도 한다.

반성이란 것도 한 두 마디지 도대체 2천자로 반성을 하라니 무얼 어떻게 반성하란 말인지 지금 생각하면 웃음 밖에 안 나온다.

그 기합이 떨어진날은 새벽까지 쓰야하므로 집에도 못가고 가까운 동기 집에서 같이 하루 합숙을 한다.

친구 어머님은 우리가 무슨 공부를 열심히 하는 줄 알고 대견스럽게 생각하시고 온갖 먹을거를 다 갖다 주신다.

지금은 돌아가셨지만 "용민이 어머님 감사합니다".

오 세근 올림.

한신 장군과 유진 선배님

저번 주에는 '피어린 장백산'을 쓰신 유진 선배님과 책 발간 문제로 오랜만에 충무로 단골집에서 식사를 같이 했다. 동행하신 친구분과 같이 이런저런 얘기를 나누다가 옛날 군대얘기 몇 가지를 해주셨다.

선배님은 포천에 있는 모사단 공병에 근무를 했는데 부대가 군단 근처에 있었단다.

그런데 군단장이 새로 '한신'장군이 부임해 오셨는데 하루는 아침에 선배님이 출근을 하다가 담배를 피우며 걸어가는 것이 군단장에게 발각되어 지적받고 차 뒤쪽에 타게 되었다.

군 단장도 출근하는 길이었고 차는 군단 안으로 들어갔다. 군단장이 출근하면 모든 장교들이 연병장에 양쪽으로 도열해 있다가 경례를 한다. 선배님은 군 단장의 경고 말씀을 듣고 선처를 받아 차에서 같이 내렸다.

경례를 하고 부대로 돌아왔는데 군단 정보참모가 전화가 와서 좀 들어오라고 하더라는 것이다. 가서 만나보니 아주 잘 대해주면서 군단장하고 어떻게 아는 사이냐고 묻더라는 것이다. 선배님은 웃음을 참고 "구체적으로는 말씀을 드릴 수 가 없고 그냥 좀 아시는 분입니다"라고 했단다.

그 이후로는 선배님의 군대생활은 아주 편해졌고 누구 한사람 간섭하는 사람이 없었다고 한다.

JP와 유진 선배

유진 선배님은 K대 출신으로 4.19참가 국가유공자 이시고 가요 '대머리 총각'의 실제 모델이시기도 하다. 학생간부로 4.19에 참가한 경력이 있다 보니 혁명 후 JP의장을 만날 기회가 있었단다. 그때 JP가 "자네는 젊었는데 왜 그리 머리가 많이 벗겨졌나?"하고 묻기에 "공부를 많이 해서 그렇습니다."라고 했단다.

그런데 그 JP가 선배님이 근무하던 군단을 어느 날 방문을 하게 되었다. 그래서 모든 장교들이 도열해서 악수를 하는데 선배님 차례가 되자 선배님은 경례 후 모자를 벗고 얼른 머리를 보여 드렸다고 했다

JP가 바로 알아보고는 "자네 여기 있었는가? 고생이 많지"라고 하시면서 한참 동안 여러 말씀을 주고 받았단다. 주위에 있던 모든 간부들이 눈이 휘둥그래져서 선배님을 쳐다보았다. 그 다음날 정보참모가 불러서 또 갔는데, 그 뒤로는 선배님의 군대생활은 더 편해졌다고 하셨다. 60년대라 부대구호가 "재건"이었다고 한다. "재건! JP님!"

위의 선배님 이야기처럼 인생이란 이런 것이다.

'전화위복'이라고. 당장 안 좋은 일이 닥쳤다고 기분 나빠할 필요가 없다. 시간이 지나면 또 덕이 될 수도 있으니까.

GP로 자원한 경비 소대장

 몇 년 전 경제풍월 잡지를 발행 하시는 모 선배님의 소개로 이모 선배님이란 분을 알게 되었다. 이 분도 만나보니 자랑스런 백골사단 출신이셨다. 우리 보다 15년 선배이시니 그야말로 어려운 1965년경에 군 생활을 하신 것이다. 실제로 우리가 요즘 매스컴을 통해서 자주 보는 GOP 철책이란 것도 70년대 초반에 설치 된 것이므로 그 이전의 군 생활은 여러 가지로 열악하고 힘들었을 것이다.
 그런데 그 선배님은 사단에 배치 받아 '사단경비소대장'이란 모든 장교들이 부러워하는 보직을 맡게 되었다고 한다. 그런데 선배님은 몇 달 해보니 적극적이고 활동적인 자기 성격에 맞지도 않고 지겹기만 하여 당시 최고로 위험하고 긴장되는 GP로 자원근무 신청하여 거기서 10개월을 생활을 하셨다고 한다.
 하여튼 그 당시에는 월남전 참전 자원하신 분이라든지 이런 선배님들이 많았고 참 존경스러운 분들이라 생각한다. 소장으로 예편하신 아시는 선배님 한분도 월남전에 자원하여 갔다 오셨다고 하시며 자기는 불교신자는 아니지만 당시 대대장을 하면서 간첩 잡으러 다닌다고 전국의 유명한 산에 있는 사찰을 안다녀 본 곳이 없고 주지스님도 많이 알게 되었다고 하셨다.
―우리나라 발전의 초석이 되신 분들.

탈영한 유진 선배님의 소대원

이렇게 군 생활을 편하게 한 선배님에게도 문제가 한 가지 발생하였다. 고참 병사 한명이 어느 날 탈영을 해버린 것이다. 전부대에 비상이 걸렸고 선배님은 그 고참병 체포임무를 띠고 병사 몇 명을 데리고 그 친구 고향인 전라북도 모처로 떠났다. 밤늦게 마을에 도착하여 수소문 끝에 집을 알아내어 불이켜져 있는 방으로 급습하였다고 한다. 그런데 '꼼짝마라'하고 문을 열어보니 그 친구와 모친 두 사람이 떡을 만들어 썰고 있더란 것이다.

"이놈! 왜 탈영했어? 빨리 올라가자"고 하니 "소대장님. 내일 올라가려고 지금 떡을 만들어 포장하고 있지 않습니까? 이건 소대장님거, 저건 중대장님거, 또 이건 소대원들 거요?" 라고 하여 라는 것이다. 하여튼 "왜 그럼 탈영했느냐"고 다시 물으니 "소대장님 끝발이 그만큼 좋은데 제가 말없이 집에 며칠 다녀와도 별일 있겠냐 싶어서 그랬습니다"라는 것이다. 선배님은 그 친구를 데리고 그 당시에는 하루 만에 전방까지 갈 수 없는 거리라 선배님 서울집에서 하루 재우고 다음날 부대 복귀를 했다고 한다. 그러시면서 애먹인 병사였지만 지금은 뭘 하고 어디서 살고 있는지 꼭 한번 보고 싶다고 했다.—세월이 흐르면 아무것도 아닌 것을….

철원 군청에 제안 하는 글
―제2의 안보 관광코스 개발

철원군은 크게 좌측으로는 구 철원지역, 우측으로는 김화지역으로 구분된다. 알려진 대로 6.25때 미군의 밴플리트장군 에 의해 북한의 평강과 함께 '철의 삼각지(IRON TRIANGLE)'로 불려졌던 곳이다. 철원군청에서는 구철원지역에 있는 한탄강, 고석정, 승일교, 도피안사, 북한노동당사, 월정리역, 제2땅굴 등을 엮어 철원 안보관광지역으로 개발하였다.

수려한 경치와 전쟁유적지를 둘러보는 코스라 많은 관광객들이 다녀간다. 그런데 한 곳을 더 안보관광지역으로 개발 할 곳이 있다. 바로 백골부대가 지키고 있는 김화지역인데 옛날에는 구 철원지역보다 접근성이 조금 떨어져서 그렇지 지금은 서울에서 거의 직선 도로가 뚫려 있으니 여기도 제2안보관광지역으로 충분히 개발할 가능성이 있다.

거기에는 유명한 저격능선이 있는 우리나라 의정부까지 굽어본다는 북한지역 1,062고지 오성산이 있고, 그 산을 아래에서

위로 쳐다보며 사향 노루들이 연못에서 물을 마시며 평화롭게 놀고 있는 장면을 볼 수 있는 백골OP, 통일촌 마을인 금곡리, 정연리, 구 김화읍이 있었던 생창리 등이 있다.

6.25때 파괴된 모습이 그대로 남아있는 '출렁다리', 한탄강과 민들레 벌판에서 합류하는 '남대천', '남대천 유원지', 한탄강 상류지역에 고스란히 남아있는 '금강산 가던 철길 교량!' 등도 있다.

또한 한탄강 매운탕을 맛볼 수 있고 겸재 정선이 그림으로 그린 강가의 아름다운 '전선휴양지' 등 충분히 관광자원화 할 수 있는 곳이 많다. 철원군청과 국민들께 도움이 되었으면 한다.

훌륭한 후배들 1

우리가 초급 장교 병과 교육과정을 마치고 나면 각 부대로 배치가 되는데 그 시기가 대략 6월 말 경이다. 그 때는 우리의 한해 후배들이 들어오고 한해 선배들은 전역을 하게 된다.

1981년 6월. 그 때는 내가 백골OP에 두 번째로 올라가서 약 4개월을 근무 중이었는데, 소위, 중위 때를 합쳐 모두 7개월 동안을 근무를 했으므로 임무교대를 할 때도 되었던 때라 마침 후배 후임 장교 장 소위가 올라왔다.

그 친구와의 인연은 전역을 하고나서도 계속 이어졌는데 하여튼 나는 그때 약 1주일동안 완벽하게 인수 인계를 해주고 대대로 내려왔다. 장 소위도 그곳에서 훌륭하게 임무를 수행했고 30여년이 지난 지금도 그 OP의 좌표를 외우고 있다.

국내 H자동차에 입사하여 인도에 6년, 중국에 12년 근무를 하였는데 나는 사업차 처음으로 장 후배 때문에 인도를 가보고 그 후에도 여러 번 다녀왔는데 그때 느꼈던 인도에 대한 감동과 생각은 아직도 잊을 수가 없다.

그 곳은 첸나이라는 도시이고 우리가 자주 만났던 사람은 ALOK이라는 분이었다.

하여튼 장 소위는 현재 중견기업의 CEO를 맡고 있는데 얼마 전 무역의 날에 1억불 수출 탑을 수상했다. 아들도 강력히 설득하여 장교의 길을 걷게 하고 있고 군, 사회, 자녀교육 까지 정말 국가의 간성이라 생각한다.

 훌륭한 우리 백골OP 출신이다. "장후배 계속 건승하기를 선배가 바란다!"

훌륭한 후배들 2

 나는 또 사랑하는 후배가 한명이 있다. 그 친구는 우리와 같이 2년의 군 생활을 마치고 전역하는 것이 아니라 장기를 신청하여 군 생활을 끝까지 하는 힘든 선택을 한 친구다.

 내가 마침 울산에서 라이온스 회장을 하던 시절에 그 후배가 우리 지역의 대대장을 맡아 임무를 수행하게 되었는데 나는 장교출신이라 그 시절에 군부대 지휘관의 여러 가지 애로사항을 잘 알고 있었기 때문에 부대와 자매결연을 맺어 우리 클럽 복지예산을 거의 모두 그 부대의 복지시설 개선에 지원키로 회원들과 협의하였다.

후방부대였지만 변변한 온수기도 한 대가 없어 병사들의 애로 사항이 많았는데 그런 것 부터 사무용 컴퓨터까지 국가의 예산이 충분히 지원될 수 없는 부분은 우리가 협조해 줬다.

국가도 예산이 충분치 않으므로 탓할 필요도 없고 우리가 도와줄 수 있으면 도와줘야 된다고 생각했고 그렇지 않으면 병사들이 고생을 하거나 부대장이 노력을 해야 하는 것이었다.

그래서 그 후배는 전역한 지금까지도 나를 형님같이 모시고 종합청사로 출장 가면 밥도 자기가 산다. 나는 그 후배가 그 부대를 떠난 후에도 어떤 출신의 대대장이 오든 최선을 다해서 협조해 주었고 우리 회원들도 모두 보람 있게 생각했다. 나는 모든 우리 국민들이 어려움이 많겠지만 조금 참고 이런 마음을 좀 가졌으면 한다.

그러는 과정에서 나의 집 사람도 많이 협조해 줬다.

통도사와의 인연

몇 년 전에 잘 아는 선배님 한 분이 동기장교 친구 분들과 함께 울산과 가까운 양산 통도사로 1박2일 워크샵 및 관광을 오셨다. 도착 당일 나에게 전화가 와서 만나자고 했으나 나는 그날 다른 약속이 있어 가지는 못 했고 다음날 아침 만나기로 약속을 했다.

그런데 선배님은 그날 저녁 급한 일이 생겨 서울로 올라가셨고 나는 다음날 아침 그 선배님과 친하신 다른 선배님과 만나기로하고 집에서 출발했다.

사실 통도사는 지금은 내 마음의 최고의 평화와 안식처로 삼고있는 고마운 곳이지만 그 때만 해도 사는곳과 차로 불과 1시간 내로 갈수 있는 가까운 곳인데도 가야할 생각도 안했고 가지도 않았다.

그런데 그 날 아침 그곳 주차장에 도착한 순간 나는 완전히 극락에 온 것 같은 세상에 이렇게 아름답고 평화로운 곳이 있는가 하는 생각에 빠졌다. 늦 가을이었는데 주차장 주위의 나무들과 차량 사람들이 어우러져 사람들은 하늘에서 마치 둥둥 떠다니는 것처럼 느껴졌다.

그래서 그 이후로 나는 주말과 시간 날때마다 그 곳을 들러 참배하고 등산도하고 스무개가 넘는 암자를 방문하며 마음의 행복을 느끼고 있다.

언젠가는 절 뒷편에 연결되어 있는 영축산에 등산을 갔다가 비가 와서 시야가 흐려 조난당할 사람을 안내하여 같이 무사히 내려온적도 있다. 그 절을 나에게 고마운 인연을 맺게 해준 선배님께 감사드립니다. 운영하시는 오페라단도 잘 되시기를 바라고요….

누구든 언제든 통도사에 꼭 한번 가 보시기를 권하고 싶다.
─지금 군종교구장을 맡고 계시면서 우리 장병들에게 많은 도움을 주고 계시는 '정우'스님께 감사의 말씀을 드립니다.

존경하는 대 선배님

내가 평소에 존경하고 우리 출신 장교들이 귀감으로 삼는 분이 한분 계신다. 그 분은 K대 출신으로 우리의 뿌리인 1기이시고 초급장교로 월남전에 참전하여 베트콩 대공세때 사령부와 대사관을 무사히 지켜낸 공로로 을지무공훈장과 미국 은성십자훈장도 받으신 그야말로 우리와 국가의 영웅이시다.

학군 출신중 최초의 장군진급, 최초의 대장 진급 등은 이미 잘 알려진 얘기이다. 그 선배님과 나의 인연은 이렇다.

선배님이 전역을 한 후 국회의원으로 지역을 대구로 맡게 되어 내가 있는 곳에서 머지않아 인사를 드리러 한번 갔었다. 기수로 치면 17년이나 차이나는 대선배이시지만 나를 아주 반갑게 대해 주셨고, 그 뒤로는 의원회관이나 지역에서 후원회 등에도 참석하여 인격이 출중해서 거의 형님 같이 모셨다.

서울 출장길에는 식사자리에도 자주 초청받아 그 당시에 선배님을 찾아오신 각국의 대사들도 만났다. 정말 도움도 많이 받았던 사이였다.

요즘은 찾아뵌 지가 오래 되었는데 조만간 시간을 내서 한번 찾아뵙고만 싶다.

"선배님! 꼭 한번 찾아 뵈옵겠습니다. 건강하십시오."

지역감정이란?

나는 군 생활을 하면서 지역감정이란 것은 편견에 불과하다는 좋은 교훈을 얻게 되었다. 나도 고향이 부산 쪽이라 지역으로 보면 통상 우리가 얘기하는 지역감정의 한쪽이기도하다.

그러나 나는 군 생활을 하면서 정말 성실하고 인간성 좋은 후배 2명을 만나게 되었는데 한명은 광주가 고향인 S대 출신 안모 중위이고, 한명은 군산이 고향인 전북 J대 출신 고모 중위이다.

나는 이 두 친구를 동생같이 대해줬고 제대 후 광주, 군산에서 한 결혼식과 경조사에도 참석했으며 그 친구들도 지금까지 나를 형님 같이 대해주고 있다.

즉, 서로 친하게 되고 사람 됨됨이를 알게 되면 지역 감정이란 것은 편견에 불과하다는 것이다. 같은 지역사람끼리도 얼마든지 트러블이 발생될 경우가 많은데 그 때는 그런 감정을 얘기하지 않는다.

그래서 나는 이 문제는 인위적인 것이고 내가 잘 해주고, 또 상대방이 나를 존중 해주면 자동적으로 없어지는 문제라고 생각한다. 나는 가끔 이 문제가 거론 될 때가 많아 해결방법으로 영·호남의 결혼, 혹은 내가 겪은 군대에서의 이런 경험을 많은 국민들이 가져볼 수 있는 기회가 있었으면 좋겠다는 생각을 가지고 있다. 안 중위, 고 중위! 형님 말 맞지?

문혜리에서 직접 맡은 나의 사회

포병에서는 1년에 한번 '군단포술경연대회'라는 큰 행사가 있는데 군단 산하의 전 포병대대가 참가하여 전술능력을 점수로 평가를 받는다.

그 점수에 따라 대대의 평가순위가 결정되므로 각 대대장들은 1년 농사라 할 만큼 엄청난 신경을 쓴다.

최고로 더운 7, 8월 약 1달 동안 진지에 텐트를 치고 전 참가장교, 부사관, 병사들이 합숙훈련을 하게 되는데 관측, 측지, 사격지휘, 전포, 통신등 각 분야별 선수들이 정말 열심이고 수고도 많다.

그래서 평가일을 1주일 정도 남겨 논 시점에는 힘든 훈련을 잘 마치도록 대대장이 주관하는 전체 위문행사(회식)가 있다. 그런데 그런 행사가 자주 있는 것이 아니어서 병사들이 익숙해 되어 있지 않으므로 자칫 잘 못하면 대대장이 참석하는 분위기가 엄숙하거나 어색해질 수 있다. 그래서 나는 그런 분위기를 사전에 없애고 병사들이 마음껏 놀고 스트레스를 풀 수 있도록 내가 직접 사회를 봐야 되겠다고 생각했다.

회식이 시작되어 대대장 격려 훈시가 끝나자마자 나는 바로 대대장님 부터 노래를 부르도록 명령했다. 일단 거기서는 사회자가 왕이니까. 내가 병사들에게 "여러분들! 대대장님이 먼저 노래를 한곡 부르실 테니 오늘은 여러분들 마음껏 마시고 눈치보지 말고 놀고, 스트레스 풀기를 바란다"라고 하니 "와!!! 오중위님. 최곱니다. 좋습니다!!"라고 했다.

평소에 깐깐하던 대대장도 그 자리에서는 기분 좋게 노래를 불렀고 평소에 나하고는 교감이 잘 되었기 때문에 내가 사회를 봐주니 좋아했다.

그 다음에는 서울에서 직접 음식을 만들어서 장병들에게 나눠주고 남편을 도우러 오신 사모님을 지명해서 노래를 시켰다. 그분도 분위기를 알아채고는 큰 소리로 잘 불렀다. 그 다음에는 나도 부르고, 병사들도 부르고 막걸리 몇 말이 동이 나고 즐겁게 잘 마쳤다.

군에서는 늘 이런 게 좀 필요하지 않을까 생각한다. 사기를 높여주면 모든 것이 잘 되니까!

형님 같은 선배님

나에게는 평소에 존경하는 형님 같은 분이 한분 계신다. 언론사 사장까지 마치신 분인데 나는 그분을 우리 선후배들의 모임인 '일지회'라고 하는 모임에서 만나게 되었다. 그 모임은 4스타 출신의 대 선배님으로 부터 3스타, 2스타, 1스타출신, 연대장, 대대장출신, 말단 소대장 출신 까지의 친목 모임인데 화기애애 하고 늘 기다려지는 모임이다.

말씀드린 그 선배님과 나는 뜻이 잘 통하여 그 모임 안에서도 형, 동생같이 사이가 각별한 것으로 알려져있다. 선배님은 젊은시절 KBS 방송국의 워싱턴 특파원, 뉴욕 특파원을 연이어 하신분이고 나하고 노래방을 같이 가면 팝송도 아주 잘 부르신다.

나는 평소에 발음이 정확하고 똑똑한 아나운서들을 좋아하기 때문에 한번은 그런 말씀을 드렸더니 그 당시에 "바른말 고운말"이라는 교양 프로를 담당하신 아나운서 한분을 소개 시켜주셨다.

방송을 자주 듣는 나는 지금은 현역에서 은퇴 했지만 그분을 뉴스진행과 발음의 대명사로 생각하고 있다.

  방송국 사장을 하실때는 정말 1초의 시간도 자유롭게 내지 못 할 만큼 바쁘셨고 나하고 가끔 점심이나 저녁을 먹으러 갈 때가 꿈 같은 망중한을 즐기신다고도 하셨다.

  고기 먹는 모임이 너무 많아 나하고 보리밥 먹을 때가 제일 좋다고 하여 허름한 삼청동 보리밥 집에도 가끔 갔었다. 감사합니다. 선배님!

단짝 같은 고3 동기

  해병대로 간 친구, 사관 학교로 간 친구. 고등학교때 같은 반을한 친구 2명이 있다. 그 중 한명은 우리반의 반장이었고 나는 부반장이었다. 그당시 전교 학생들에게 최고로 무서웠던 우리 담임 선생님께서 그렇게 지명하셨다. 키가 컸던 나에게는

반 친구들 군기도 좀 잡으라는 뜻으로? 반장 친구는 공부도 잘 했는데 대학교 때 군대를 해병대로 갔다. 나는 친구의 그런점을 굉장히 존경한다.

내가 장교로 간 이상으로. 그런 머리와 용기 덕분이라 생각하는데 지금은 고 정주영 회장님이 심혈을 기울여 만드신 중공업 분야 회사의 '전기 전지시스템사업본부' 대표를 맡고 있다.

또 한명은 사관학교로 가서 별까지 단 친구인데 서로 군 생활을 장교로 했기때문에 통하는게 많다.

그 친구는 대학진로를 결정할 때 일반 대학으로 가기를 원했던 우리 담임 선생님과 약 한달동안 싸워서 자기 의지대로 사관 학교를 가게되었다.

소대장시절에는 우리 옆 사단인 철원 청송부대에서 했고 그 뒤에는 병과를 바꾸어서 삼청동, 부천, 전주, 부산, 원주, 벽제, 계룡대 등에서 근무를 했는데 마침 내가 업무 출장을 가던 지역과 관련이 많던 지역이라 나는 그 모든 지역으로 위문을 갔었다.

사실은 그 지역의 술과 특색있는 음식을 먹고 싶은 마음도 있었지만.하옇든 그 친구는 친한 이상으로 평생 잊지 못할 고마운 친구이다.

앞에 얘기한 반장의 아들이 우연히도 그 친구 사관학교 동기의 부대에서 근무하기도 했다. 그런데 그 부대장은 또 나와 전방 GP에서 같이 근무했던 친구였다. 3명이 삼각편제의 친구관계가 되었다. 두 친구 모두 훌륭하신 우리 담임 선생님의 제자들이다.

고 이득재 선생님의 영전에. "선생님. 엄격하셨지만 오드리 햅번, 비비안리, 에리자베스테일러 등 여자배우 얘기를 자주 해 주시던 모습 영원히 잊지 않고 있습니다. 감사합니다."

서울역에서 만난 앵커 출신 선배님.

나는 업무차 서울, 경기 쪽으로 출장을 자주 가기 때문에 KTX를 자주 이용한다. 아마 우리나라에서 제일 많이 이용하는 고객 일지도 모른다. 몇 년전 그날도 서울역에 내려 화장실에서 소변을 보고있는데 옆 사람을 보니 옛날 모 방송국 유명한 앵커출신 학군장교 선배님이셨다. 나는 평소에 그 선배님을 만날 기회가 없었기 때문에 인사를 드리고 싶었으나 서로 볼 일을 보고 있는 중이라 할까 말까 망설여졌다. 그러나 나는 이런 기회를 놓칠수가 없다 싶어 먼저 마치고 나가시는 선배님을 바로 따라나가서 인사를 드렸다.

선배님도 초면이지만 굉장히 반가워 하시면서 고맙게 대해주셨다. 아마도 그날은 울산대학교와 현대중공업을 둘러보시고 오는 것 같았다. 딱딱한 뉴스 프로그램의 TV에서 볼때와는 달리 부드럽고 따뜻한 분이셨다. 선배님은 그 뒤에 국회로 진출하셔서 활동도 잘 하고 계시고 장교 후보생들의 처우 개선문제에도 많은 노력을 해주셔서 2014년에는 우리 중앙회 단체로부터 감사장도 받으셨다. 선후배를 잘 아껴주시는 선배님 감사합니다.—.

가곡 "비목"의 작사자 선배님과
그 가사 내용

　가곡 '비목'을 작사하신 분은 우리보다 16년이나 위이신 대선배님이시다.

　지금은 대학교수를 마치시고 은퇴하셨지만 그 선배님께서 60년대 중반, 초급 장교시절에 최전방 GOP에서 근무하실때 그 가곡을 작사하셨다고 한다. 비무장지대 안에 주인 없이 외로이 서 있는 어떤 무명 용사의 비목을 보고 민족의 분단된 현실을 안타까워하면서 시를 지은 것이라고 한다.

　나도 그 선배님과 마찬가지로 최전방 GP, GOP생활을 했기 때문에 그 가사의 분위기를 너무나 잘 알고 공감하고 있다. 따라서 나는 이 가사의 내력을 꼭 책에 싣고 싶었다. 가사 하나 하나, 언어 하나 하나가 너무나 감명스럽게 가슴에 다가온다. 모두 잘 아는 노래이지만 새삼 한번 적어 보겠다.

〈비목〉

초연이 쓸고 간 깊은 계곡 깊은 계곡 양지 녘에
비바람 긴 세월로 이름 모를 이름 모를 비목이여
먼 고향 초동 친구 두고 온 하늘가
그리움 마디마디 이끼 되어 맺혔네

궁노루 산울림 달빛 타고 달빛 타고 흐르는 밤
홀로 선 적막감에 울어 지친 울어 지친 비목이여
그 옛날 천진스런 추억은 애달퍼
서러움 알알이 돌이 되어 쌓였네

가사 첫머리 '깊은계곡'이란곳은 선배님 께서 강원도 최전방 부대에서 근무를 하셨기 때문에 그 지역의 어느 비무장지대 깊은 골짜기를 말 하는것이라 생각하고 사변 전에는 주위에 마을이 있었으리라는 생각도 해본다.

왜냐하면 지금도 비무장지대 안에는 옛날 마을의 흔적들이 군데 군데 남아있고 내가 근무할때 실향민들이 전방 견학을 와서 직접 자기 집터 까지 가리키며 애석한 마음을 얘기한 적도 있었다. 그 다음 가사 2절의 첫머리 '궁노루'라는 것은 사향노루를 얘기하는 것인데 비무장지대 안에는 원시적인 자연상태와 자유롭게 뛰노는 동물들을 많이 볼 수있다. 특히 연못가에서 한가롭게 물을 마시고 있는 사향노루들을 보면 평화롭기 그지 없고 한 폭의 그림 같기도 하다. 큰 노루들이 새끼 노루들을 데리고 한가하게 연못가에서 놀고 있는 장면이 망원경으로 관측되기도 한다.

이 가사의 뜻대로 분단된 민족이 하루라도 빨리 하나가 되어 이산가족의 한이 풀리고 가족끼리 평화롭게 노니는 저 동물들처럼 지낼 수는 없을까 하고 전방에 장교로 근무했던 한 사람으로서 간절히 기원하고 싶다.

이상으로 저의 이야기도 다음을 기약하며 모두 여기에서 마치고저 한다. (終)

독자 여러분 끝까지 읽어주셔서 감사합니다.

내인생을 바꾼 백골OP

지은이 / 吳 世 根
펴낸이 / 송 효 익
펴낸곳 / 뉴북스월드

출판등록 / 제2013-000047호
ISBN / 978-89-956089-1-3-03390
초판1쇄 인쇄 / 2016년 2월 1일
초판1쇄 발행 / 2016년 2월 15일
초판2쇄 발행 / 2020년 11월 20일

주소 / 04557 서울 · 중구 퇴계로195(필동1가 하나빌딩 401호)
       04386 서울 · 용산구 한강대로 118(YPO305호)
전화 / (02)797-1419 · 팩스(02)792-4190
       010-6516-9546 · 010-8895-0061
책값 / 13,000원

* 잘못된 책은 바꾸어 드립니다.